平山郁夫与中国

风月同天——中日民间经济文化交流纪实丛书

[日] 平山助成 著
黄萍 郑西吟 译

人民东方出版传媒
People's Oriental Publishing & Media
東方出版社
The Oriental Press

目 录

前言 | 09

第 I 章 与中国的初次相遇 | 001

我心向往的中国 | 002

首访中国 | 003

再访中国 | 012

布达拉宫的回忆 | 014

第 II 章 终于踏上了中国的丝绸之路 | 021

初访兰州 | 022

炙热的吐鲁番 | 026

丝绸之路再往西 | 033

第Ⅲ章　坐着火车去敦煌 | 037

敦煌，我来了！ | 038

敦煌与佛教美术 | 044

敦煌壁画保护的第一步 | 048

首次提议中日联合保护敦煌石窟 | 051

敦煌文物研究所代表团访日 | 055

东京艺术大学敦煌学术考察团访华 | 058

中日敦煌石窟保护合作谈判的经纬 | 060

敦煌石窟保护合作计划的实施 | 066

在敦煌看到法隆寺 | 070

再次踏上西域之旅 | 072

中国古美术研修之旅 | 075

顺长江而下 | 077

黄河写生 | 079

第Ⅳ章　令人感动的楼兰 | 085

楼兰，我终于来了 | 086

西域南道之旅 | 091

承德的喇嘛庙 | 094

文化交流结硕果 | 096

前往黑水城遗迹 | 098

北京·中国美术馆的丝绸之路展 | 105

访问桂林 | 107

中日两国大学的共同展览 | 109

再度访问楼兰 | 112

出席二十一世纪委员会会议 | 116

第 V 章 南京城墙的修复合作 | 117

修复南京城墙 | 118

南京城墙修复开始后的第三年 | 123

在中国的文化保护活动 | 126

龙门石窟的保护 | 128

香港"平山郁夫版画展" | 130

以日中友好协会会长的身份访问中国 | 132

平成遣唐使访问西安 | 133

雨中的香港回归仪式 | 137

与时俱进的中日关系 | 140

访问内蒙古自治区 | 141

救助中国的洪灾 | 145

平山丝绸之路奖学金 | 148

平山郁夫展 | 153

结语 | 159

获奖经历 | 165

参考文献 | 169

前 言

中国的朋友们，你们好！

我是平山郁夫的弟弟平山助成，比平山郁夫小十二岁，现任公益财团法人平山郁夫美术馆馆长。值此中日邦交正常化50周年纪念之际，受中国东方出版社邀请主笔撰写传记《平山郁夫与中国》，为此深表感谢。同时，我还要感谢中国燕山大学的黄萍和平山郁夫美术馆郑西吟两位女士，她们为本书提供了精准而又无私的翻译。

平山郁夫，生于1930年6月15日，自幼喜好画画，他的一生都在画画创作。濑户内海的生口岛濑户田町，是我们的故里，那里有着得天独厚的自然环境，美丽而又富饶，它孕育了平山郁夫的艺术敏感性。

1945年8月6日原子弹在日本爆炸，这件事给平山郁夫的一生带来了巨大的影响。那一年，平山郁夫十五岁，正在修道中学上初中三年级，他目睹了这一地狱般的人间惨状。平山郁夫成为画家之后，便把"对和平的祈愿"融入画笔进行绘画创作，希望这样的惨剧不再发生。

在画家的艺术道路上，平山郁夫曾一直在暗中艰难摸索，不断思索绘画创作的主题和方法。他从去往天竺（古印度）

寻求佛法真经的中国唐代僧人玄奘那里获得灵感，创作了作品《佛教传来》，自此开启了寻访佛教东渐之路——东西方文明往来的丝绸之路的旅程。

丝绸之路沿途有许多历史遗址，但在经年累月之后，有些已被自然灾害、盗掘、战乱、开发所破坏。这些遗迹彰显着过去的繁荣与历史，是人类共同的文化遗产。为了把它们传承给后代，平山郁夫提出并坚持实施了"文化遗产红十字构想"。日本的许多文化都来自中国，所以谈及日本文化，就不可能不提及中国。

平山郁夫自1992年至2008年，作为日中友好协会第四任会长，一直在为中日友好亲善鞠躬尽瘁。他从1975年第一次访问中国开始，就确信日本文化的源头大多在中国。本传记主要参考了平山郁夫生前的谈话和文献，假托平山郁夫的口吻讲述了他的生平以及他与中国的故事。

第 I 章

与中国的初次相遇

我心向往的中国

1947年4月，我考入了东京美术学校日本画系。日本画的起源是中国画，大概是在六世纪随着佛教从中国传到日本。我的舅外祖父清水南山教导我，要学习日本画就一定要学习中国的古籍古画。因此我临摹了许多唐、宋、元、明各代的名画，从小就通过这些名画了解中国。

1958年1月5日，"中国敦煌莫高窟展"在东京高岛屋总店举行。此次展览主要展出了敦煌文物研究所所长常书鸿先生的三百多件作品，包括莫高窟壁画摹本、彩色塑像的复制品和莫高窟的照片等。其中还有西魏大统四—五年（538—539年）建造的第285窟的原尺寸模型。此次展览会盛况空前，我也去参观了。当看到壁画摹本中所描绘的姿态栩栩如生的飞天（天女）和北魏时代豪迈壮丽的画面时，我感动不已。

后来，我在常书鸿夫妇来日本参加展览并参观东京艺术大学时，与他们相识。当时，我向他们解释了日本的临摹方式，并进行了现场演示，常书鸿先生对我说："请一定要来一趟敦煌。"

首访中国

1959年《佛教传来》完成之后，我一直希望访问中国，但是当时中日两国还没有建立邦交，这一愿望一直未能实现。终于在1975年6月10日至27日，由中川一政先生率领的日本美术家代表团访问中国时，我作为其中的一员访问了中国，参观了北京、上海、无锡、西安和大同，不得不再次感叹于中国的幅员辽阔。

仅从故宫天安门广场的规模就能看出中国疆土的广阔。位于北京北郊的八达岭长城，修建在层峦叠嶂之上，气势雄伟壮阔。有的地方还修建了两三重城墙，就连高耸的山脊上都筑有长城，令人惊叹不已。位于北京郊外的明朝历代皇帝的陵墓，也就是所谓的明十三陵也令我惊叹。那里仅有万历皇帝的陵墓对外开放，据说规模不大，却也是跨越数室的地下宫殿，里面铺满了大理石，还有精美的陪葬品，陵墓的规模其实远远超出了我们的想象。明代和清代的皇宫紫禁城，也就是现在的故宫博物院，藏有100万件以上的宝物，是一座以太和殿为首的、拥有3000[1]间房的巨大宫殿群。

在博物馆里，我们还看到了秦始皇陵兵马俑。工作人员

---

[1] 相传故宫有房9999间半，实际据1973年专家现场测定，故宫有房屋980座，共计8707间。

平山郁夫与中国

1978年,《天坛（A）》

还给我们看了兵马俑发掘现场的照片,从照片来看,那里应该是一个特大型的兵马俑坑。当时的北京市市长向日本美术家代表团介绍了在西安秦始皇陵附近的重大发现。当地的人报告说,他们在农田里发现了疑似古代遗迹的东西,经发掘后发现是秦始皇时期的兵马俑。这些出土的秦始皇陵兵马俑让我们非常震撼。

据史书记载,秦为汉所灭时,秦始皇陵遭到焚烧。兵马俑上显示有被烧毁的痕迹,可见史书的记述是事实。兵马俑坑在历史的长河中已沉睡了2000多年。

武人俑的面部表情,个性鲜明、惟妙惟肖,这无疑展现了秦代高超的陶俑制作技术水平。马俑也是姿态端庄,制作考究。中国在2000多年前就已经拥有了这种极具艺术性的陶俑作品,这在当时的中国美术史上是鲜为人知的。在中国这样的国度,随时都有可能出土令人意想不到的文物。其实在秦始皇陵兵马俑出土之前,在长沙已经发掘过汉代马王堆古墓,出土的木乃伊[2]栩栩如生,震惊了全世界。

接着我们去参观了山西大同的云冈石窟。云冈石窟以北魏风格的石佛而闻名,其中被称作昙曜五窟(第16~20窟)的中央五窟最具盛名。尤其是第20窟,石窟的前端岩壁崩塌,大佛外露。

佛教起源于大约2500年前的印度。此后,从犍陀罗地区经过阿富汗、乌兹别克斯坦,穿过帕米尔高原传入新疆,并且

---

[2] 木乃伊是干尸,马王堆汉墓女尸是湿尸。

平山郁夫与中国

第一章 | 与中国的初次相遇

1976年,《云冈卢舍那大佛》

平山郁夫与中国

1976 年，
《流沙净土变》

第一章 | 与中国的初次相遇

在那里的绿洲地带也建造了千佛洞。这条路最终通向敦煌，进入中国内陆。佛教东渐的这一千年里，中国各地建造了许多石窟，雕刻了许多佛像，但其中最好的石窟就是云冈石窟。

以大同为首都的北魏王朝，是由从北方入侵中国的骑兵部落拓跋氏建立的。从造型美术的角度来看，云冈石窟的多座石窟，尤其是第19窟和第20窟的石佛，都是具有北魏风格的面容，展示着王者的果断与威严。锐利的线条造型，无不传达着这种内在的精神气质。同样是云冈石窟，但在临近唐朝时，北魏锐利的线条就逐渐变得温和，逐步被汉化。比如第3窟的两尊石佛，其表情就显得极其柔和饱满。从大同迁都至洛阳时，龙门石窟建成，这里的石佛已经吸纳了唐朝文化，逐步被汉化。

西安（旧长安）自古以来就以险要之地而闻名，从汉代开始历代作为都城，繁花似锦。由于它在汉代以及隋、唐时期都是一个特别繁荣的首都，因此在这里留下了许多重要的历史遗迹。陕西省博物馆展出的在西安出土的主要文物，让我们强烈地感受到了历史的厚重。我曾经写过关于秦始皇陵兵马俑的文章，但当时秦始皇陵的主体部分还没有被挖掘出来。据史书记载，秦始皇陵曾经是一座宏伟的地下宫殿，也是一座气派非凡的葬祭殿，但现在也只剩下了残破不堪的瓦片。

西安还有一座未发掘的陵墓，那是武后的乾陵。神道入口处有一匹天马，两旁排列着动物和人物的石像群，神道旁排列着邻国大使的群像，背面刻有国名。据说如果发掘成功的话，将会有成千上万件盛唐时代的优秀文物出土，这将改变中国美术史的进程。为了保护这些文物，他们正在精心准备，据说将在二十一世纪进行发掘。

西安现在的城墙和各种设施大部分都是明代建造的。秦代的阿房宫和唐代的大明宫因战火被摧毁，其遗迹被埋于地下。据说，唐代的大明宫比北京的故宫规模还要大得多。大明宫门距离含元殿据说有600米，含元殿的石阶长约70米，左右两翼各100多米，都建在高高的台基上。日本遣唐使第一次进入大明宫时，肯定惊叹过大明宫的壮观吧。站在含元殿上远眺大明宫内殿，麟德殿等无数宫殿林立的景观想必令人叹为观止。

日本遣唐使在新年期间于麟德殿谒见武则天的记载，史上仅有一次，那就是701年至704年期间的遣唐使粟田真人来唐那次。因为麟德殿遗址当时已经发掘，我们有幸站在宫殿遗址上，遥想1300年前从遥远的岛国倭国来到唐朝的粟田真人大使的心情。

当时的建筑几乎都被破坏，但大慈恩寺的大雁塔还保留着唐代的风貌。据说大雁塔里收藏着玄奘法师从印度带回的佛经，不过现在的大雁塔也是在明代时期修复过的。

之后我们访问了上海。早期的上海，似乎比其他任何地方都能让人感受到它开放的氛围。黄浦江边沿岸而建的古老的欧式建筑，也是气势恢宏。

我们从上海坐火车去了无锡，这里是一片古镇风貌。太湖的水并不深，湖面上漂浮着许多挂着帆的渔船，船上的渔夫在朦胧的湖面上操着钓竿，宛如水墨画般别有风情。

就这样，我终于访问了自己向往已久的中国。

再访中国

向往已久的首次访华结束之后回国仅仅过去一年，我又作为日本文物美术家友好访华团团长，于1976年7月8日至22日，再度访问中国。本次主要访问了北京、郑州、西安、洛阳、上海。我很期待能够看到流经郑州的黄河。黄河发源于遥远的青海省，全长5464公里。黄河的水流变化多样，或湍急如龙门，或缓流如凝滞，或蜿蜒九曲或直通天际。郑州一带的黄河，在中原算是相当宽的。黄河河畔距离城市中心仅有几步之遥。河畔柳树绵延，黄河浊流悠悠，令人联想到中国五千年的悠久历史。

我们从北京出发乘坐火车经由郑州去了洛阳。东都洛阳与西都长安都曾是中国几代王朝的都城。正因为如此，洛阳周边有很多文化遗产。相传佛教自汉代传入中国之后，最早建立的就是洛阳的白马寺。

北魏定都大同后，修建了云冈石窟。不久，北魏王朝又从大同迁都洛阳，并在这里修建了龙门石窟。与云冈石窟不同，龙门石窟起源于汉代。仔细端详龙门石窟就会发现，这里的佛像造型、表达风格已经有了很大的变化，已由云冈石窟的锐利风格转变成为柔美风格。龙门石窟沿江边绝壁一字排开，洞内第一尊佛像还保留着北魏骑马民族的风格。最大的奉先寺洞窟的佛像群中，三尊佛和仁王像等都是唐朝风格。听说近年来受到河流水位变化和石窟附近铺设铁路引起的震动的影响，龙门的岩石山脉和石窟会逐渐发生变化，我想今后应该会考虑采取保护措施吧。

本次中国之行的成果是，我创作了《云冈石佛》《云岗卢舍那大佛》《东都洛阳白马寺》《黄河夕阳》《西都长安大路》《八达岭眺望》《紫宫观望》《朦胧大湖》《无锡翠烟》《天坛（Ａ）》等作品。据此，我们在日本全国六大城市及中东五国举办了"平山郁夫丝绸之路展"，展出了此次访华的新作和迄今为止创作的描绘中东风貌的作品。

布达拉宫的回忆

1977年4月,我在中东国家的最后一次画展在土耳其的伊斯坦布尔圆满落幕。在伊斯坦布尔逗留期间,访问西藏的行程确定了下来,于是我们从伊斯坦布尔出发,飞往北京。我们搭乘的飞机在凌晨时分经过帕米尔高原上空,随后飞越了塔克拉玛干沙漠。天山山脉白雪皑皑,塔克拉玛干沙漠一望无际。我曾祈愿沿着丝绸之路走遍新疆的沙漠与绿洲,而如今丝绸之路就这样真切地尽收眼底,我激动不已。

我们在北京机场与《日本与中国》(中日友好协会的会报)代表团的八名成员会合,组成了西藏访问团。因为要访问的地方是海拔四千米的高地,所以我们在医院做了体检,然后从北京飞往四川省省会成都。成都,是《三国志》中的著名人物刘备所建的蜀国都城,这里自古以来就是一座文化名城。我们利用下一班航班起飞之前的时间参观了这里的历史文化遗产。

从成都机场飞往西藏之前,我们在成都也做了测血压等检查。青藏高原海拔很高,如果气象条件不稳定的话,在如此高海拔的机场着陆就会变得很困难。我们一行人已经在机场等候出发,但由于西藏上空的天气状况恶劣,又不得不返回宿舍。第二天,天气状况似乎稳定了一些,终于可以出发了。我们乘坐的是一架旧式的双引擎飞机,乘客不多。飞机飞越四川省上空之后，开始徐徐攀升到巍峨的山脉之上。青藏高原，重峦叠嶂，山顶皑皑白雪。

积雪在漆黑的山体上闪烁着白光，深谷纵横。我就在想若是飞机在事故中试图迫降，恐怕难以生还吧。这是我生平第一次看到西藏的连绵山脉，景色扣人心弦。我坐在飞机上用画笔专心致志地记录着这一切。从成都出发，飞行了将近两小时之后，飞机降落在世界上海拔最高的贡嘎机场，它的海拔高约三千六百米，只比富士山稍低一点，所以这里给人一种氧气稀薄、气压低沉的感觉。

舱门打开，舷梯落下。率先抵达的中日友好协会的工作人员站在舷梯下面，与西藏的人们一起迎接了我们。我正想要微笑着同他们打招呼的时候，对方却制止我说："您先别说话。"因为如果出现高原反应，就不能进行后续的活动了，一开始很关键，所以他们提醒我不能情绪激动。随后工作人员递给了我一个用羊肚做的氧气机，告诉我说如果感觉呼吸困难，就用它来吸氧。不知道是不是心理作用，我感觉身体有些飘忽。我环顾四周，远处连绵的山峦映入眼帘，贡嘎机场就建在山间的盆地里。

机场距离拉萨市内的酒店有一百二十公里。要想在青藏高原建造机场，就必须选择平坦的土地，所以这里可选作机场的场地非常有限，没有办法只能选择远离拉萨的地方。机场到市内的风景也很有青藏高原的特点，空气干净清爽。通往市内的道路坦坦荡荡地穿过山脚，沿路流淌的河水清澈透明，裸露的岩石山上没有一棵树。牦牛在旱地里耕作，或许是高地寒冷的

平山郁夫与中国

第一章 | 与中国的初次相遇

1977年,《西藏布达拉宫》

缘故，它们都垂着长长的毛发。此番景象我第一次见，所以兴致勃勃地到处张望。

欢迎会结束后，我走进自己的房间，发现床边放着一个很大的氧气瓶。似乎是他们担心我夜间呼吸困难特意给我准备的。这里的天气特别冷，但是却没有供暖，他们告诉我睡觉的时候只能和衣而睡，还特意借给了我一件御寒用的厚外套。因为在西藏这样的高地要是感冒患上肺气肿的话会很危险。没睡一会儿，我就头疼醒了。我原本以为自己已经没事了，看来还是产生了高原反应。我头疼欲裂，呼吸困难，难以入睡。就像严重的宿醉一样，胃也跟着难受起来，感觉很不舒服。我想从床上坐起来却怎么也爬不起来，连头都抬不起来。

头疼着疼着天就亮了，一看表，已经到了起床时间。原定计划是早餐后参观拉萨市内，但以我的身体状况，连起床吃早餐都很难。好不容易才来到西藏，虽然觉得很遗憾，但也只能暂时静养。从房间望向窗外，我看见了白色的布达拉宫超凡脱俗地矗立在石墙之上。

这座宫殿的主体建筑始建于七世纪，后来又陆续扩建。建造在岩山斜面上的布达拉宫真是太美了。我强打起精神来想要一点一点地开始画布达拉宫。大脑命令自己从床上爬起来、站起身来、让身体动起来，但身体却完全不听使唤。尽管如此，我还是想办法让身体一点点地活动了起来。

犹如在空中漫游一般，我搬来椅子，缓缓地打开素描工具，开始作画。画下第一笔之后，就开始心无旁骛了，头疼似乎也减轻了，感觉慢慢忘却了头疼。画画的手速也在逐渐加快，渐渐地身体能够活动了。就这样专心地画了一两个小时之后,不知道是精神好起来了还是怎么回事,身体虽然还不灵便,但已经可以缓缓移动了。如果一直卧床不起的话,可能身心都会出现高原反应,最后完全动弹不得。出现高原反应真的是太痛苦了。

我的身体逐渐好转,我们决定按照原计划去参观拉萨市内。首先,我们参观了大昭寺,这是西藏喇嘛教最主要的寺庙。气势恢宏的大昭寺,里面供奉着一尊大佛像,佛像金光闪闪。寺院绘有壁画,是用绚丽的色彩描绘的喇嘛教特有的教义。我们还参观了达赖喇嘛的寓所。大昭寺藏有著名的西藏《大藏经》。相传川口慧海法师(1866—1945)曾假扮成藏人不远万里从日本来到闭锁的西藏修行。后来,他将《大藏经》带回了日本。大昭寺给我们看了用满文和藏文书写的珍贵的《大藏经》。大昭寺周边是西藏特色的街道。

位于海拔四千米的布达拉宫,宫殿中央有一尊最古老的佛像,据说是在八世纪前后,唐朝文成公主出嫁时从遥远的长安都城运过来的。相传在运送的途中遇到山谷时,他们就一边架桥一边前进。此后,宫殿不断扩建,逐渐变成了这样一座宏伟的大宫殿。巡游宫殿时,必须爬好几层石阶。我穿着厚重的大衣扛着行李,呼哧呼哧地喘着粗气缓慢地一步一步往上爬。或许是气压低的缘故,我备感沉重。我时不时会停下来进行写生,身体被阳光照射的一面暖洋洋的,但是背阴的一面却像在冰窟一样寒冷。

四月的拉萨,天气瞬息万变。前一秒还晴空万里,下一秒就突降冰雹；前一秒以为要下雪了，下一秒却又一片晴空。气候变化激烈，有时仿佛一日之间就有四季变换。西藏的人们穿着厚如"缊袍"的大衣，可能就是因为这样的大衣穿脱方便。或许是紫外线比较强的缘故，这里的人们，脸蛋都晒成了巧克力色，鼻尖和脸颊晒得更是黝黑。来自低海拔地区的人会因为高原反应而痛苦，但是西藏的人则相反，他们下到低海拔地区反而会因为气压差而难受，需要时间去适应。

因为气压低，这里做饭必须用压力锅才能做熟。这里的人们用马奶熬麦粉吃。果然环境不同，文化也千差万别。据说在"文化大革命"期间，很多文化遗产都遭到了破坏，但布达拉宫和大昭寺却得以保存，可谓万幸。

回国后，我创作了西藏系列作品，包括《西藏布达拉宫》《布达拉宫石阶》《布达拉宫入口（A）》《布达拉宫入口（B）》《喇嘛教寺庙》等。

第 II 章

终于踏上了中国的丝绸之路

初访兰州

1978年9月，我终于实现了多年的夙愿，走进了自己梦寐以求的丝绸之路。本次旅行是《日本与中国》报社筹办的一项纪念活动，我们的路线是：北京—兰州—吐鲁番—库车—阿克苏—喀什—和田—兰州—北京。

我们经由北京飞往西安，再飞到兰州。当时，大多数日本人都无法访问兰州，因为很难取得进入兰州旅行的许可。兰州是甘肃省的省会，也是向西进发的重要枢纽。黄河流经兰州市内，所以西行必须渡过黄河。兰州是通往丝绸之路的门户，它有着与中国东部地区完全不同的西域风情。

走在兰州的街道上，我似乎闻到一股沙漠黄土飞扬的沙尘味。街上身着各种民族服装的人们熙来攘往，空气中弥漫着丝绸之路的门户气息。兰州市内散布着很多叫作清真寺的伊斯兰寺院，蓝色瓷砖的圆形屋顶和尖尖的宣礼塔是这座城市独有的景致。这里有一座跨越黄河的铁桥，建于一百多年前的清朝，是中国最古老的铁桥之一。

兰州机场离市区有八十公里。兰州的城区位于一个被群山环绕的盆地里，由于这里平地有限，所以机场建在了较为偏远的地方。通往机场的道路旁是连绵起伏的山丘，寸草不生，宛如沙漠。或许是土地酸化的原因，这里的土壤似乎不太适合农

第二章 | 终于踏上了中国的丝绸之路

1978年，火焰山

作物生长，只看见有零星的农田和砖厂。一到旱季，这里的土地就会露出茶褐色的肌肤，让人不自觉感受到来自西域丝绸之路的异域风情。

我们从兰州机场去了乌鲁木齐机场。一离开兰州，目光所及是一望无际的沙漠。这里不仅有平坦的沙漠，也有重峦叠嶂。那些山峦都不高，凹凸不平细密的山体褶皱宛若搓衣板。沙漠的颜色也变化万千、风情绰约，黄褐色、白沙色、淡土色、棕褐色，可谓多姿多彩。还有一些看起来像巨蟒蠕动过的线条，那大概是冰雪融化后雪水流淌过的痕迹吧。沙漠中还有一条东西方向延伸的线，那就是曾经的丝绸之路。这条路现在已经修建成了汽车公路，远看如丝线一般细。

平山郁夫与中国

1979年，
《西域的千佛洞》

第二章 | 终于踏上了中国的丝绸之路

炙热的吐鲁番

临近乌鲁木齐，远远地就能看见白雪皑皑的山脉，那就是天山山脉。算来正好是在十年前，那时我曾站在乌兹别克斯坦的山脉上，遥望着中国的天山山脉，期盼着有朝一日能够造访此地。而今我终于来到了这里，梦想成真，心中不禁感慨万千。飞机越飞越低，天山在我们脚下若隐若现，不知不觉中，我们已经飞过了天山山脉，降落在乌鲁木齐机场。我走下飞机，感慨万千地踏上了自己梦寐以求的这片丝绸之路的土地。这一天，距离我创作以玄奘法师为主题的《佛教传来》这幅作品已经过去了十九年。

乌鲁木齐是新疆维吾尔自治区的首府，居住在乌鲁木齐市内的大多是维吾尔族人。

当时的中国女性服装色彩极其单调，北京女性几乎都清一色穿着藏青色、黑色、灰色的裤子，但乌鲁木齐就全然不同。乌鲁木齐女性身穿色彩鲜艳的服装，头上戴着头巾，耳朵上戴着耳环，长相与汉族女性也不同。她们有着浅茶色的头发和蓝色的眼睛。这一切都让我真切地感受到了自己已经身处丝绸之路。我们入住的是乌鲁木齐郊外的一家大型迎宾馆，周围白杨林环绕，从那里可以看到天山山脉。

在距离乌鲁木齐一百五十公里的地方，是吐鲁番古城。这

1981年，吐鲁番

里是古代丝绸之路上著名的战略要地。吐鲁番盆地位于海拔以下，据说这里有时会出现酷暑。我们虽然是九月下旬去的吐鲁番，但在去吐鲁番之前一直担心那里的气温。沿途有咸水湖，也有村落。过了山隘，进入吐鲁番盆地之后就是下坡路。据说在这个地段，暖风和寒冷的空气交汇，会卷起狂风。我们去的那天，风就很大，跑在前面的卡车的挡风玻璃都被飞来的小石子打碎了。

越临近吐鲁番气温越高，导游让我们把车窗关上。气温还在一点点上升，同行的人一测，发现已经超过了40℃，一下子就感受到了酷热。我们住的宿舍的庭院里有个葡萄架，我们在葡萄架下阴凉处与当地的吐鲁番人交谈了起来。户外闷热难耐，空气干燥无比。我想这么热的天，恐怕白天是没法外出了。

平山郁夫与中国

1978 年，
《西域的马》

第二章 | 终于踏上了中国的丝绸之路

1981年，维吾尔族人物素描

他们给我讲了很多关于吐鲁番的传闻逸事。我站在户外，汗水哗哗地流，比起天热，强烈的阳光带给皮肤的刺痛感更加难当。

第二章 | 终于踏上了中国的丝绸之路

这样的天气实在是很难进行户外活动，所以我们打算白天就在室内度过。这个时间，背阴处48℃，室外气温达到了70℃，已经热到凉水放在太阳下就能变成热水的程度。我虽然冲了凉，但即使在房间里一动不动，也还是在不停地流汗。尽管如此，我还是拜托了当地的维吾尔族人，在葡萄架的阴凉处做了我的素描模特。

在吐鲁番的这段时间，我们还去参观了一些遗址，其中一个是高昌故城。这座遗址其实就是被城墙包围着的一排排倒塌的土坯。玄奘法师在前往印度求取佛经的旅途中，曾在高昌城停留过。当时的国王麹文泰希望玄奘法师留在自己国家弘扬佛法，但是玄奘法师拒绝了国王的邀请，表达了他继续西去寻求佛法的决心。国王为此大怒，拘禁了玄奘，玄奘以绝食回应。国王见玄奘的决心如此坚定，也只好同意他继续前往印度求取佛法，并且给玄奘布施了旅费，配了随从。国王送走了玄奘，还给沿途各国的国王写了介绍信。相传玄奘的印度之旅得以成功也是因为有麹文泰的经济支援，所以玄奘答应从印度返回中国的途中，在高昌国宣讲佛法三年作为回报。

吐鲁番有一个阿斯塔那古墓群。这些古墓都是唐代的墓地，墓室里面绘有精美的壁画。炎炎烈日之下突然进入地下墓地，眼前会瞬间一片漆黑，但慢慢地凝神细看，壁画就会一点点浮现出来。这些壁画用黑色的轮廓线勾勒分区，形成了屏风样式。有的描绘人物，有的描绘花草鸟兽。壁画中还有岩燕，岩燕至今仍在吐鲁番的上空飞翔。

古墓群中也有夫妻合葬的墓穴。墓穴的主人已经变成了木乃伊，横躺在墓室里，令人不寒而栗。墓穴外面是在《西游记》中出现过的火焰山，在夕阳的照耀下，土黄色的火焰山被染成了血红色。

吐鲁番的柏孜克里克千佛洞，蔚为壮观。柏孜克里克在维吾尔语中是"装饰好的房子"的意思。二十世纪初，德国探险家勒·柯克来到这里时，将洞窟中的壁画全部切割下来带回了德国。火焰山一角有十几个洞窟，都是周边寸草不生的沙漠洞窟。吐鲁番这座城市有着大量的文化遗迹，还有伊斯兰时期建造的伊斯兰寺院，这里的景观与西域丝绸之路的名号相得益彰。

吐鲁番是一座绿洲城市。来自天山山脉的雪水，在吐鲁番汇聚成地下水源，造就了这片绿洲。人们挖井汲取地下水，这里的水井像缝纫机走针的针眼一样，以一定间隔朝一个方向排列着。水井与地下隧道相连，可以将地下水输送到很远的地方。从上空俯瞰，这些被称为"坎儿井"的吐鲁番水井排成一列纵队，朝向绿洲中的城镇和村落。之所以必须建地下隧道，是因为浅层的地下沟渠干燥严重，水容易蒸发掉。如果地面上出现水脉，人们就会挖一小块水渠，在水渠的两侧种上柳树来遮阴，这些水可以用作田地的灌溉用水和生活用水。如果因为战争等原因，这里的地下隧道被破坏，水渠的水就会干涸，城市就会被废弃，变成废墟。在伊朗和伊拉克等地，这些水渠被称为"暗渠"。掘井的工匠是拥有特殊待遇的技术人员，在这里备受重视。可见，在丝绸之路辉煌的时候，吐鲁番作为交通要塞曾繁荣一时。

丝绸之路再往西

我们还访问了位于吐鲁番以西的库车。这里以前被称作龟兹王国，是天山南路上的一个中心绿洲城镇。从汉代到唐代，这里都是西域都护府的重要据点。断崖上的克孜尔千佛洞距离库车大约七十公里，这里的壁画也被德国人勒·柯克切割下来带回了国，其中一部分在第二次世界大战末期柏林沦陷时去向不明。库车还有一个库木吐拉千佛洞，从这里发掘的精美佛头，收藏在柏林和日本的博物馆。

在天山山麓，还有一个克孜尔尕哈千佛洞。此外还有苏巴什故城遗迹，大谷探险队发掘的有名的舍利容器就是出土于这里。漆制的舍利容器，器身部分绘有一个身着胡人风格服装的奏乐者，边走边吹笛打鼓的画面。站在苏巴什故城的遗址上，摇摇欲坠的干裂砖块、佛塔的残垣断壁、砖块崩塌的山体尽收眼底，风景之壮观令人惊叹不已。远方的塔克拉玛干沙漠在地平线的另一端若隐若现，此时我感受到了一股强烈的异域风情。

天山山脉再往西走，是阿克苏市。这里虽然没有佛教遗迹，但街上的每一个角落都弥漫着丝绸之路的气息。

经过阿克苏，我们来到了帕米尔高原在中国最西边的城市——喀什。我们是二十世纪初大谷探险队到访以后的第一批外国人，所以我们一上街，就被觉得稀奇的人们围了起来。我

平山郁夫与中国

第二章 | 终于踏上了中国的丝绸之路

1982年,《丝绸之路天空》

们所到之处，警察都会拉着绳子维持秩序，但是他们还是一直好奇地围着我们一行人看。

我们去了伊斯兰教的清真寺，信徒们正在祈祷。维吾尔族的人们，每个人都拥有一张如画的脸，我走到哪里就画到哪里。

临近帕米尔高原，已经隐约可见平均海拔超过四千米的雪山了。最高耸的那片群山叫公格尔山，高达七千七百一十九米。山麓有冰川，景色壮丽。这里是跨越帕米尔高原的难关，也是古老的商队旅馆萨拉伊的所在地。这一带的海拔已经高过富士山，稍微走上一圈，我就开始气喘吁吁，心跳加速。

一位吉尔吉斯族的老人和他的小孙女走到我们身边。摇着铃铛，骑着骆驼行走在帕米尔高原上的一群年轻人，为我们唱起了类似日本马子歌的民谣。以雪山为背景的帕米尔高原秀美的自然风光，向我们讲述着中亚悠久的历史。

第 III 章

坐着火车去敦煌

敦煌，我来了！

1979 年，新中国迎来了建国三十周年，作为纪念活动的一环，我在北京和广州举办了画展。北京的会场，定在了故宫一角的劳动人民文化宫。这座用大理石栏杆和石阶装饰的宫殿，气势磅礴，极为奢华，是供奉明清历代皇帝的庙堂。我的亲友们也从日本赶来支持此次画展。开幕式在文化宫的花园中隆重举行，现场人头攒动。

第二会场——广州画展，正好在一个月后举行。这场画展我也要参加，所以利用两场画展的空隙时间，我开始了在中国国内的旅行。我一直想去敦煌石窟参观学习，但一直未能如愿。其实在很久以前我就向中国有关方面提交了敦煌之旅的许可申请，也得到了敦煌方面的许可。不过，这一年的六月前后，敦煌城区遭遇了水灾，中方联系我说宿舍被淹，希望我的敦煌之旅能够延期。但是，我们再度与中方取得了联络，表达了我们务必要参观敦煌的意愿。

1959 年，当时的敦煌文物研究所所长常书鸿先生来日本参加"敦煌壁画临摹展"。我与常书鸿先生的相识便是在他此次访日参观东京艺术大学的时候。当时，我向他解释了日本的临摹方式，并进行了现场演示。那时常书鸿先生就邀请我一定要去敦煌看看。算来已时隔二十年。在此期间，我游历了中国各地，但一直未能到访敦煌，所以此次无论如何都想去看看。

结果，常书鸿先生给了我们一个满意的答复："那我们就在敦煌文物研究所准备一个房间接待你们吧。"

北京画展结束之后，我们终于踏上了敦煌之旅，到敦煌预计单程需要十天。从北京到兰州坐火车需要三十四小时，要在车上住一晚，透过火车车窗就可以感受到中国的幅员辽阔。渡过流经兰州的黄河再往西走，就是像长廊一样的河西走廊，这是一条可以追溯到汉代的古道。兰州是重工业区，也是该地区最大的城市，拥有众多文化遗址、古庙和历史遗迹。和前一年我们第一次访问兰州时一样，那时的兰州依然属于未开放地区，一般游客无法进入。

我们从兰州出发乘坐火车去了酒泉。自此我们的河西走廊之旅开始了。二十四小时的旅程，我们在车上住了一晚。所谓的河西走廊，指的是连绵在戈壁沙漠和祁连山山脉之间的狭窄道路。我从车窗探出身子向外张望，贪婪地欣赏着河西走廊的轮廓风貌。经过武威，我们抵达了酒泉。

河西走廊发现于公元前二世纪左右的汉武帝时代。在此之前，汉武帝为了驱逐屡次侵犯中国内陆的匈奴，曾派张骞出使西域的大月氏国，欲联合大月氏国夹击匈奴。张骞在途中被敌人俘虏，虽然历经千辛万苦抵达了大月氏国，但是没能实现出使目的就回了国。不过也因此了解了这一带的地理状况，为汉武帝战胜匈奴提供了对策。

之后，年轻的将军卫青和霍去病受汉武帝之命，踏上了河西走廊，成功击退了匈奴。酒泉，就是当时的最前线阵地。相传卫青与霍去病攻入河西走廊时，边关大捷的消息传至皇宫，汉武帝大喜，派遣使者带着美酒佳肴前去慰问。霍去病发现，赏赐的美酒完全不够一万将士分的，于是命令手下将所有美酒全部倒入驻扎营地旁一汪清澈的泉水中。立刻，酒香飘满天地，汩汩涌出的泉水就变成了美酒，酒泉的地名由此而来。这一带也有很多遗迹，绵延不绝的万里长城，一直延伸到这里的嘉峪关。汉代建造的万里长城有很多地方都风化了，如果不仔细看的话，其实已经跟普通土墙没有什么区别。当然，也有一部分坚固的城墙，历经两千年，时至今日依然屹立于风雪之中。

从酒泉到嘉峪关驱车两三小时，就能看到城塞了。这是明代的营寨，从这里到嘉峪关每隔几公里就有一座烽火台。嘉峪关就是一座宏伟的城塞，曾经有几百名士兵驻守。登上城塞，可以望见远处的祁连山脉。

王翰的七言绝句《凉州词》中有佳句："葡萄美酒夜光杯，欲饮琵琶马上催。"这首汉诗中所吟唱的玉杯就是产自祁连山的玉石。再往西沿着祁连山脉穿过沙漠，就是敦煌。祁连山脉的断裂处有一个山谷，与鸣沙山相连，敦煌石窟就在鸣沙山的断崖上。

在敦煌县城（现在的敦煌市）与石窟的交界处，矗立着一块石碑。一直往前走就是敦煌县城，向左转就是敦煌莫高窟。终于来到了梦寐以求的敦煌，我的心情不禁激动起来。穿过市区，沿着白杨林荫道继续前行，清晰可见鸣沙山连绵的山脉。在黄沙遍地的鸣沙山山脚下，无数的黑色洞窟映入眼帘，这些是曾经参与建造敦煌石窟的工匠们居住过的洞窟遗址。其中一面可以看到白杨林，那一带就是敦煌莫高窟。莫高窟最中央是一座九层建筑，以此为参照物，向左转是一条干涸的河流——大泉河。越过大泉河，正对我们的是莫高窟的大门，车子就停在了大门右侧的敦煌文物研究所楼前。

我们终于抵达了莫高窟，那一刻是1979年9月17日下午4点。

敦煌，我来了！

我急切地想进入莫高窟，如果当时只是我一个人的话，我应该会立马就冲进去。稍等片刻之后，常书鸿先生夫妇前来迎接我们。这是我们时隔二十年的重逢。我想先在莫高窟周边走一走，找一个能看到九层楼的地方写生，明早再进入石窟。石窟内一个人也没有，夕阳悄然落下，不时传来悬挂在九层楼上的风铃声。

常书鸿先生鸣钟示意我们过去文物研究所吃晚饭。晚饭时，先生用他在附近的池塘亲自钓来的鱼招待了我们。敦煌壁画中也有关于鱼的故事，据说就是在这个池子里钓到的鱼。常书鸿先生真诚热情的款待让我感动不已。

第二天，常书鸿先生和夫人李承仙女士一早就带我们参观了石窟。先生拿着记录本，详细地记录着壁画的状态。我听着壁画讲解，绕着石窟边看壁画边画着素描。

敦煌石窟与三危山相连，相传前秦时期一位叫乐尊的僧人于公元336年行至此地，发现这片山脉的最高山脊处闪耀着太阳的金光，他为之感动，决定在此开凿莫高窟。

四世纪左右的最早的那些石窟没有留存下来，现存的都是

1979年，常书鸿先生

五世纪五胡十六国时代的石窟。这座宏伟的佛教遗迹历经了将近一千年才营建而成，现有石窟492窟。石窟建在鸣沙山脚下，分为三层。窟院位于鸣沙山的南北断崖上，基本朝东。上午因为有晨光的照射，窟院内部显得格外明亮。如果按一米宽幅的画卷来计算，窟院内壁画的总长度可达十公里，形成一幅巨型画作。除了壁画之外，窟内还有两千尊的泥塑像，可以说它是沙漠中的一大佛教美术宝库。

汉武帝时期，人们发现了河西走廊，从此打开了通往西域的交通。敦煌是中国内陆的出口，也是通往西域的入口。控制敦煌者，也就控制了中亚，于是敦煌成了众多民族和国家纷争的历史舞台。古时西域生活在绿洲地带的人们，全都是经由敦煌往来中国内陆。

此外，想要翻越青藏高原，跨过喜马拉雅山脉，与印度及现在的巴基斯坦进行交流，也需要经由敦煌。

作为中亚政治、经济、军事、文化的要冲之地，敦煌直至近代之前都是东西方交流的重要枢纽。如果能将中国的物品带到西方，与西方各国进行交易，就可以获得巨额财富。因此大商队会从敦煌出发，沿途与西方各国进行贸易。人员和物资也不断流入敦煌，敦煌的繁荣得以延续。

为了祈求上天对国家的庇佑、祈愿或感谢贸易的成功，国王、贵族、商人们纷纷向敦煌莫高窟捐赠窟院。其中有和田王和西藏王捐赠的窟院，也有个人捐赠的。个人捐赠的窟院里只设有小小的佛龛。大中小各种规模的石窟一字排开，盛况空前。历经民族和国家的兴亡，敦煌壁画没有遭到破坏并流传于后世，简直是一个奇迹。这里保存着北魏、西魏、东魏、北周、隋、唐、五代、宋、元等各大时代的壁画，每个时代的壁画，其风格、技法、故事性等方面都各具特点。其中还有敦煌当地的特色传说也被画成了壁画，记录在石窟里。有些壁画也会让人不禁联想到只有在中国内陆的文献中才有记载的画家风格流派。

敦煌与佛教美术

　　从佛教美术以外的观点来看，这些壁画还给我们传达了很多其他的信息，包括各个时代的建筑、生活方式、服饰、农耕、食物、生活用具、设计等等。绘画素材、技法、风格自不必说，就连对佛传的解释，也有代表中亚特色和地域性故事的情节。另外，也有表达中国历史的部分场景，一些唐代寺院的名称也在壁画中被记录了下来。这些壁画对于许多领域而言都是非常珍贵的资料。

　　这些壁画虽完成于古代，但却给人一种现代绘画的感觉。犹如法国卢奥的画作，厚重有力的轮廓线不仅勾画出了形状，还传递出强烈的情感，产生了一种双重效果。为了让身体的绘画效果更加立体，有些画作会特意将线条加粗加重，做轮廓勾画处理。轮廓线原本是混合了朱红和铅白的颜色，因为发生了化学反应，变成了黑色。这种现象随处可见。很多壁画的线条都变成了纯黑或深褐色，皮肤也变色了，其原因就在于此。这些壁画的作者恐怕很难想象自己当年的画作如今变成了这样的颜色，这也为壁画增添了岁月的痕迹和时代的厚重。

　　奈良法隆寺的金堂壁画，相传其源流就在古都长安和洛阳，但那时的寺院已不复存在，我们也无法将受到过直接影响的金堂壁画与敦煌壁画进行比较。这样看来，除了通过敦煌壁画想

1979 年，敦煌莫高窟素描

象长安和洛阳的壁画之外，别无他法。初唐的壁画都如此精美，古都长安和洛阳的壁画肯定比它要更美。

这里不仅有大量的壁画，塑像也多达 2000 尊。其中，唐代塑像有的因为后世的修补重新上色而受损，这的确令人遗憾。

常书鸿先生对我一直关照有加，他曾经在第一代敦煌文物

1979年，敦煌第249洞窟

研究所里参与过中日战争期间敦煌石窟的保护与研究工作。战前，常书鸿先生曾留学法国学习绘画，看到敦煌壁画的照片后，便下定决心一定要设法保护和研究中国的珍贵文物。回国后，常书鸿先生立下志愿要为保护好敦煌石窟而奋斗一生。从此，无论严寒酷暑，常书鸿先生几十年如一日致力于保护和研究文物，先生的精神着实让我敬佩。

在常书鸿先生的带领下，我和研究所成员就文物保护的一般理论进行了讨论。那个时候我就想为保护这些珍贵的敦煌壁画尽一份绵薄之力。

因为我们就住在文物研究所里，所以我每天都可以有大把的时间在石窟及其周边写生。洞窟位于鸣沙山崖壁上，岩质为软砂岩，为了防止坍塌，洞穴周围即将坍塌的部分都用与鸣沙山岩石同色的混凝土进行了加固。从以前的石窟照片来看，底部的石窟几乎都被沙子掩埋着。即便是现在，我坐在石窟入口附近写生，细小的沙子也会不停地落在我的写生本上沙沙作响，就像下雪或下雨一样。风刮得猛烈的时候，沙子还会如倾盆大雨般倾泻而下。

在离石窟几百米远的地方，有一排排被风吹来的沙子形成的沙堆。他们说，这里的每一天都是一场与沙子的战斗。以前的照片大概就是拍摄的石窟被倾泻而下的沙子掩埋后的样子。所以，这些石窟都是靠着每天的谨慎管理才得以保存下来。但即使这样，壁画也会慢慢地剥落或破损，于是我想通过临摹把它们记录下来。不过由于壁画数量庞大，我也只能从最重要的开始临摹。我临摹的壁画，其中一部分在后来于日本举行的"敦煌壁画展"上公开展出了。

敦煌壁画保护的第一步

1982年是我们迈出思考如何保护敦煌壁画这一世界遗产以及寻求帮助的第一步。同年9月20日至10月4日,我作为敦煌石窟学术考察团的一员访问中国,此次考察获得了日本文部省科研经费的支持。三年前我第一次访问敦煌石窟的时候,时任敦煌文物研究所所长的常书鸿先生就在苦思冥想石窟壁画的保护对策。自那以来,我也在琢磨如何才能更好地保护这些壁画。

尽管中国方面也在向我们寻求帮助,但我们当时确实也不知道到底应该怎么办。每次访问中国,我都试图与敦煌石窟的中央主管部门——国家文物管理局和文化部联系,但由于在文物保护方面的国际合作还有许多障碍需要清除,此项交流研究工作进展缓慢。另外,在日本国内,政府愿意提供一笔科研经费用以资助我们前往敦煌石窟开展敦煌文物调查。

然而,恰在当时,日本围绕关于对二战的记述问题争论不休,爆发了所谓的教科书问题,日复一日地成为报纸的头条。中国和韩国对此作出的反应,甚至发展成为外交问题。日本外务省和文部省一直苦于应对这一问题,他们派遣审议官级别的人员到两国政府就教科书问题进行解释。这一时期,文部大臣原定访华,但中国当局提出延期,文化交流形势也变得越发严峻。我们只能谋求其他方式访问中国，于是决定拜托与我们日常保持密切联系的中日友好协会，想通过中日友好协会给东京艺术大学考察团发出邀请函。

我打电话到北京，接电话的碰巧是一位与我关系非常亲密的协会理事，我拜托他务必帮忙想办法紧急办理东京艺术大学考察团的邀请手续。同年7月9日至25日，我需要经停北京前往巴基斯坦旅行采访，我问他是否可以劳烦他在我经停北京的时候来一趟北京机场。所幸，飞往巴基斯坦的航班在北京机场延误了一小时，我才有时间向理事解释邀请代表团访问考察敦煌的相关事宜。虽也明知此事实属不情之请，但还是拜托他尽量在我回国再次经过北京时，为我们办理好邀请函。

因为好不容易获得了文部省的科研经费资助，如果此次不能成功访华的话，这笔调研经费就会化为泡影，所以我想尽办法想要获得邀请函。从巴基斯坦回国途经北京时，中日友好协会的理事特意赶到机场告诉我，说过几天会把邀请函寄给东京艺术大学。

就这样，在临近截止日期时我们终于收到了邀请函，随后立马启程前往敦煌莫高窟。在北京，我们受到了中日友好协会人士的迎接。一切准备就绪之后，我们从北京乘坐火车前往兰州，在兰州停留一晚后，途经武威、酒泉，再从酒泉乘车经嘉峪关，历时八小时抵达敦煌。由于敦煌在1979年的巨大洪水中，有一半城镇被洪水冲毁，之后建了新的敦煌宾馆，住宿条件比以前有所改善。

常书鸿先生卸任敦煌文物研究所所长之后，由段文杰先生接任。我立即与段文杰所长谈起交流研究的事情，段所长告诉我，一切事情都需要得到中央主管部门国家文物局的批准。本次考察主要是做预备调查，我们将人员分为绘画组、历史组、石窟建筑组等不同组别就今后如何开展交流进行调查。但由于时局紧张，我们要想展开正式调查，必须突破重重难关。

尽管如此，段文杰所长思虑再三，还是允许我们拍摄了两处壁画的照片。通过这次调查，我们明白，在不知道中方对这些壁画采取过何种保护对策、做过何种科学调查的情况下，仅凭目前有限的信息，是无法提出敦煌的壁画保存对策的。在敦煌逗留的那几天，中方将敦煌石窟中最重要的石窟开放给我们看了一遍，在当时的处境之下给予了我们最大的帮助。之后，我和考察团成员参观了阳关，并对周边进行了调查，结束了我们的第一次敦煌考察之旅。

首次提议中日联合保护敦煌石窟

1982 年，我们完成了敦煌学术考察的预备调查，1983 年我们去敦煌做了第一次（正式的）学术考察。这一次我们也是通过中日友好协会获得邀请函而访问的敦煌，此后也一直是以这种形式。本次旅程从嘉峪关到敦煌，还去了新疆维吾尔自治区吐鲁番、库车、喀什等地进行了石窟的调查。中日友好协会的同行人员中有一位前驻日中国大使馆的金联城参赞，他曾在大使馆工作过，具有很强的国际视野。加之他对敦煌石窟的合作保护工作也有足够的了解，通过他与段文杰所长等中方人员直接进行沟通，我们很顺利地就达成了一致意见。

在考察敦煌石窟时，段文杰所长给予了我们最大限度的配合。在保护工作的具体合作方面，他向东京艺术大学提出了人才培养的要求。然而，我作为东京艺术大学的教授，通常情况下是必须与校方协商之后才能代表大学作出回应。作为考察团团长，我的职责只是负责本次调查，关于人才培养这一重要问题则是另一个层面的事情。但是基于当时的情形，我也只能以个人的名义立刻作出反馈，回复说："我答应您，我会尽我所能达成您的要求。"至此，我们与段文杰所长的交流开始顺畅起来。我想接下来我们会经历很多阶段，最终建立一个保护合作的框架，但在那之前我们需要先邀请敦煌文物研究所的考察团来一趟日本。回到日本之后，我开始试着推进合作工作，但也做好了一切责任最后全由自己负担的思想准备。

这是因为，无论是人才的培养，还是邀请敦煌文物研究所考察团来日本，都需要大量的经费。这笔费用如果全靠他人资助，那就缺乏说服力，但如果做好一切费用都由自己负担的思想准备的话，剩下的就是得到各部门的理解和程序上的问题了。日本方面希望中日两国能够进行文化和研究层面的交流，但现状是，两国之间只是开始了一些表面的文化交流，真正意义上的研究交流还任重道远。尤其是中国方面在文化遗产的保护和研究上，对外国有很强的戒备心理，所以我们必须在尊重中国自主性的基础上作出合理的文物研究及保护方案。

结束了第一次敦煌石窟学术考察回国之后，我们就敦煌石窟的现状和前景，向文化厅长官、次长等高级官员做了汇报。为加强文化联系，中日两国决定每年分别在北京和东京举办中日联络协议会，日本外务省、文部省、文化厅以及中国政府同级别部门代表在中日文化联络会议上确定了相关政策。

原则上，如果没有来自对方国家的合作邀请，我们就不能与其进行有关文化遗产保护和研究的协商。因为这关乎国家的主权和尊严，其他国家不得有任何强加于人或干涉他国内政的言论。虽然中日双方都认为有合作保护文物的必要性和需求，但由于各国都有自己国家的法律和规范，所以就很难无所顾忌地表达己方意见。虽然可以发表个人见解，但在涉及官方事务时，就很难有一个成文的说法。在这一点上，当时的中日友好协会副会长孙平化先生（后任会长，1997年去世）给予了我们莫大的支持。中日友好协会作为友好团体，是为了使中日两国之间能够顺利交流而设立的中方机构。孙先生在中国政界有很多朋友，所以敦煌学术考察团的邀请函也是由中日友好协会发出的。

每次见面我们都会谈论保护文化遗产的意义。因为我在日本的大学工作，相对了解日本政府机构和官方组织的情况，但对于中国的组织和机构的情况却一无所知。在这些方面，中日友好协会给予了我们很大帮助，让我们很安心，我们也逐渐了解获得中国国内组织协助的重要性。

通过我们每一个人的努力，两国合作保护文化遗产一事获得了中日两国政府机关的理解，终于得以实现。

此外，我还在中日文化协商会议上，提出希望两国政府能够正面认可敦煌石窟的保护合作，并签署合作协议。因此，我们向日本外务省、文部省和文化厅提议在北京会议期间签署该项协议。如前文所述，文化研究、调查和保护活动必须建立在尊重对方国家主权的基础上。特别是就中国而言，在文化遗产这一问题的处理上，需要考虑其特殊的历史背景。过去发达国家的任意勘探和掠夺式的发掘都超出了中国的主权范围，导致出土文物流失国外。

由于上述原因，在 1985 年召开的中日两国文化协商会议中，尽管我深切地希望中日双方开展合作，愿意提供协助，但却失去了表达意愿的时机，最终不了了之。事实上，中国当局后来也积极推动中日合作开展文物保护，但另一方面，中方也确实因自己国家的文物曾遭外国强行破坏，或被强行带出国外，而存在着强烈的戒备心理。

因为有过这样的经历,中国方面制定了由自己国家负责进行文物研究、调查、保护的文化遗产保护法,这也是理所当然的。也因为如此,由中国方面主动提出文物保护的合作,在当时确实存在矛盾性。另外,鉴于中国存在严格的文物保护法律法规,日本方面如果没有收到中国方面的合作邀请就主动说自己想要共同保护文物,这也显得很奇怪。

后来,我听说其实中方一直在等待日方提出合作保护敦煌石窟的要求,但是日本方面只字未提,确实很遗憾。就这样,共同保护敦煌石窟的具体讨论被拖延到了第二年。

终于在1987年,中日文化联络会议商定合作保护敦煌莫高窟。

敦煌文物研究所代表团访日

1984年11月，我们邀请了敦煌文物研究所的五人代表团来到日本参观和考察日本方面的文物保护工作。本次代表团成员有担任团长的副所长、修复技术人员、科学研究人员、美术史专家以及同行翻译。我们在东京的高轮大王子酒店举行了欢迎会，文部大臣、文化厅长官都出席了欢迎会。文部省、外务省、文化厅、东京艺术大学以及参加了9月举办的中日文化交流促进会的代表团成员等云集一堂，场面盛大。

东京艺术大学美术学院也举行了欢迎会。代表团观摩了东京艺术大学美术学院的文物保护技术，同时参观了研究生学院的各类先进设备。我们带领代表团参观了国立文化遗产研究所，这里拥有年代测定器、物质分析器、金属离心分离器等与尖端保护科学相关的高科技机械设备。之后我们还带领代表团参观了美术学院的文物保护和修复部门，针对绘画、雕刻、漆工艺、金属工艺等的修复技术，向代表团进行了专业的讲解。

为了让代表团了解我国奈良的高松冢古坟壁画的保存和研究工作，我们带领代表团参观了高松冢古坟原址和纪念馆，随后又参观了奈良国立文化遗产研究所。这里主要负责研究以平城宫遗址为中心的埋藏文化遗产。参观过程中，日本研究所人员和敦煌文物研究所人员交换了意见。之后我们还带领代表团参观了奈良主要的六大寺庙，考察了日本的文物保护现状。

代表团还去了位于京都的京都国立博物馆，参观那里的绘画修复和佛像雕刻修复的工作室等。敦煌文物研究所代表团对于日本文物保护考察表现出了浓厚兴趣，认为此次学习对他们的保护和研究工作有非常重要的促进作用。

敦煌文物研究所代表团的此次访日，由于是以我个人的名义发出的邀请，所以没有相关部门来负担此次费用，最终所有的费用都由我个人承担。这些费用包括代表团一行的往返机票、酒店住宿费用、宴会招待费用、国内交通费用、邮寄费用、人工费用等等。当然，这件事情一直是我个人兴致勃勃地想要做的，所以从一开始我就没有找赞助商，也做好了最后全部由自己个人来负担这笔费用的心理准备。

大概在同一时期，日本航空广报部委托我负责完成他们的连载刊物的图文。他们打算通过刊物连载，来承载文化传播这一理念，并将此作为我所提倡的"文化遗产红十字构想"的一环，来介绍敦煌之路。

他们与我特别约定要画关于敦煌石窟的画。于是我与日本航空商量，用这次连载的稿费来抵付敦煌文物研究所代表团的机票费用。另外，各大部门也都尽力帮忙，在费用上给了一些折扣，所以最终要负担的费用有所减少。

本次活动的事务性工作，是由东京艺术大学美术学院的庶务科和东京艺术大学敦煌学术考察团事务科共同打理，尤其要感谢当时的事务长和事务科长。因为有了东京艺术大学、东京文化遗产研究所、奈良文化遗产研究所、文化厅、外务省、文部省、台东区政府、日本航空等多家机构和部门的善意帮助，此次敦煌代表团考察活动才得以圆满结束。这让我感觉横亘在中日两国之间有关文化遗产保护问题的壁垒在逐渐消融。

东京艺术大学敦煌学术考察团访华

继 1995 年 9 月的第二次东京艺术大学敦煌学术考察团访问敦煌之后，考察团又于 1996 年 9 月第三次访问了敦煌。本次敦煌学术考察的研究经费是由文部省资助，包括预备考察在内，本次考察算是第四次了，也是最后一次敦煌学术考察。

考察团一行先乘坐飞机飞到新疆乌鲁木齐，再驱车前往吐鲁番。汽车在沙漠道路上一路颠簸，所有人都体验了一回丝绸之路的旧时风情。这是我第一次参观库车的库木吐拉千佛洞，这里有玄奘曾经讲经说法的洞窟。相传这一带修建过水库，千佛洞曾经被水淹没过。

我们从乌鲁木齐飞到敦煌。当时敦煌研究院已经在开始筹备召开敦煌石窟国际学术会议。东京艺术大学敦煌学术考察团也应邀参加了。出席本次会议的国家有美国、英国、法国、澳大利亚、新加坡等，各国的敦煌研究者齐聚一堂。日本也有敦煌学相关的历史、考古学、自然科学方面的专家参加。研讨会分为考古学、美术史、自然科学三个板块进行了为期三天的研讨。

作为国际会议主席团成员之一，我与敦煌研究院院长段文杰先生同席而坐，并就如何保护敦煌石窟问题做了演讲。西千佛洞首次对参加会议的外国研究人员开放。当时有部分敦煌研

第三章 | 坐着火车去敦煌

1983年，敦煌

究院的研究员就读于东京艺术大学，正在学习文物保护研究，他们也积极参与了此次国际会议。

平山郁夫与中国

中日敦煌石窟保护合作谈判的经纬

　　1987年11月，竹下登担任首相，成立了一个学术界圆桌会议作为他的私人咨询机构，组织有识之士探讨日本如何在文化上对国际社会作出贡献。我作为与会成员之一，在会议上特别强调了建立世界文化遗产红十字的必要性，并提议将其建设成为日本贡献国际社会的主要支柱，这一提案得到了认可。当竹下首相访华的政治日程提上议程时，我提议他一定要去一趟敦煌。

　　但是，当我们把竹下首相访华和视察敦煌的意向传达给中国的时候，中国方面以敦煌接待体制暂不完备，婉言表达了现阶段的难处。随后，中国方面开始大力扩建机场、整修道路和宿舍，尽力做好接待准备。日本方面也私下商议决定提供十亿日元的ODA发展援助赠款。

　　1988年8月，竹下首相访华时，我被任命为政府使节团的一员，在首相访问敦煌时做向导。这次访问，确定了利用ODA发展援助赠款建立中日政府之间的敦煌石窟文化遗产保护研究陈列中心。

　　1988年9月21日至28日，因日本政府想要在敦煌召开石窟保护发展援助会议，我们再次访问了敦煌。此次访问团由我担任团长，成员包括日本政府外务省经济合作局课长、文化

1995 年，敦煌莫高窟素描

厅文化安全处调查员、日本国际协力机构专家等十人。

中日两国相关人员参加了此次会议，会上由日方就发展援

1994年，敦煌研究院

助的原则和条件进行了说明。此后，双方开始逐条审议相关条款。中方在会场通过图纸说明了援助设施的选址、设置条件等。

发展援助原则上仅限于援助设施内及相关场所。稍有偏离，就不属于发展援助的范围。这件事情就像考试一样，刚开始做第一题，就被难住了。中方提出了电话线、自来水等附属设备的安装问题。对此，日方解释说，如果这些设施属于发展援助设施的话，就属于援助对象，但若是超出了这个范围，则需要由中方负担。

中国方面强调，莫高窟距离敦煌市二十五公里，这段路程很有必要架设用于两国联络的电话线。日本方面表示，架设电话线确实有它的必要性，但架设地点是在规定用地之外，所以不在发展援助范围之内。中日两国从一开始就存在这样的分歧，这样的对话方式也持续了一段时间，之后，我提出了以下建议。

审议事项有好几十个，审议时间也非常有限，与其一开始就困在难题当中，不如先解决容易达成共识的问题。总共一百来个项目，肯定多少都会遇到困难，对于这些困难，我建议可以另行考虑。日本政府已经定下来的事情，就是规则，很难去打破，我建议我们可以商讨别的方法来解决，中方对此表示赞成，会议进行得很顺利。

此后，每当会议陷入僵局的时候，我就请大家喝杯咖啡休息一下，借此提出妥协方案或解决方法。中方自行进行远距离电话线布线存在一定困难所以希望日方提供帮助，但是很难理解日方所谓的因为不在规定范围内所以无法援助的说法。于是，我问中方是不是并没有打算所有项目都百分之百地寻求日方的协助，也会尽力出资一部分呢？对此，中方回应说他们已经做好了这方面的准备。

既然如此，我们便详细询问了中方打算自行负责哪些项目，发现很多项目都是日方可以提供帮助的。如此一来，只要双方对执行方案稍加修改，就能很好地达成共识。例如，电话线问题，现在可以通过改变中国的预算分配来解决。

敦煌的水质较差，需要寻找到质量较好的水源。关于引水供水的问题，双方决定另行协商。后来，水的问题也解决了。

当时，文化厅和外务省主管机关已经成立了文化遗产保护振兴财团，在日本政府的发展援助计划实施过程中，采取了由民间力量对政府无法实施的部分进行跟进的体制。中日两国为了建设用于敦煌石窟保护的展览馆和新型研究设施，在敦煌研究院进行了为期三天的磋商。为了准备提交给大藏省（现为日本财务省和金融厅）的预算资料，外务省经济合作局发展援助课长也在本次协商中积极参与了讨论。

中方的政府代表有对外经济贸易部、国家文物管理局、甘肃省文化厅、敦煌研究院的相关人员，大家对展览馆和研究所的规模以及陈列内容提出了具体意见。对此，日方同行的国际协力机构的专家就建设设计和设施设备与中方专家交换了意见。第一次的协商会议进行得很顺利。日方事务负责人紧锣密鼓地整理协议事项，在第三次最终会议即将结束之时，中日双方在第一次会议的备忘录上签了名。

会议间隙，日本访华团在敦煌研究院工作人员的陪同下，参观了石窟并对周边环境进行了勘查。回到日本之后，外务省、文化厅、国际协力机构、文化遗产保护振兴财团等相关人员举行了报告会议和协商会议。围绕敦煌研究院的展览研究中心，我们决定在建筑和设计上从一开始就纳入中方的力量，所以立即邀请了中方专家来到日本。

随后，双方就石窟保护的合作问题进行了三轮预备磋商。在推进项目的过程中，我们必须了解两国对文化遗产的理解和认识上的差异。特别是关于文化遗产的问题，必须尊重对方国家的尊严和主权。要想超越两国体制的差异和国家法律达成共识，这不单纯是经济行为，还关乎国家尊严、精神和文化。

我深切地体会到，如果没有得到两国政府各级部门的同意和协助，很多事情都是没有办法做到的。从敦煌研究院最初申请石窟保护援助至此，已经过去了六年。在此期间，我多次走访中国各级部门和政府机关，策划中日政府间的交流活动。取得今天的成绩，真是感慨万千。

尽管如此，还是历经六年我们才迎来展览研究中心的竣工仪式。在那之后，我们依然在与文化遗产保护振兴财团和东京艺术大学等机构一起继续致力于人才培养和完善研究设施等工作。

敦煌石窟保护合作计划的实施

1990年5月28日至6月5日，日本政府于敦煌举办了发展援助赠款协商会议，出席此次会议的代表有外务省经济合作部无偿援助课课长、日本驻华大使馆经济事务参赞、文化厅审计处、日本国际协力机构、日本研究设计建筑部、野村工艺企业顾问等，共计十七人。由于这次访问已经是第二次了，中日双方都已大致了解整体情况和具体内容，所以本次协商会议取得了实质性的进展，建设敦煌石窟保护展览中心和研究设施的基本概念框架已经搭建完成。本次协商会议原则上是基于敦煌研究院的意愿和中国的总体意见进行了具体内容的设计和完善。

会议决定，中方的建筑设计师将访问日本，与日本专家进行交流和协商。两国还达成了如下共识：尽可能在当地采购建筑用原材料，以提高经济效益和促进相关设施的建设。关于日本政府的此次援助，我们发现有些项目100%属于发展援助项目，有些则不在规定范围。但尽管如此，这些项目对于中国来说却是非常必要的部分，它们对于改善设施和做好研究准备至关重要，于是双方依旧努力将之促成。采取的方案就是中国也出资一部分，资金不足的部分由文化遗产保护振兴财团补充。

比方说，日本政府援助赠款占90%的话，那么财团会将

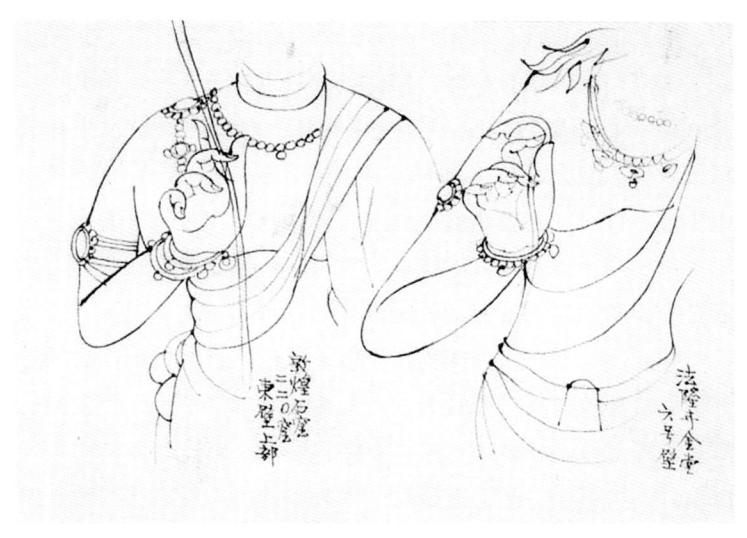

1987年，敦煌莫高窟壁画与法隆寺金堂壁画的比较

剩余的 10% 的余缺部分分成 10 年支付给中国进行援助。这次会议旨在推进政府与民间的通力合作。日本政府、财团与中国政府和敦煌研究院共同签署了合意交换协议。

日本政府关于预算的执行和对项目的规定都是采用年度预算方式，大多数国际协力机构的项目都是采取的这种方式。对于合作项目，我们会提供某种形式的跟踪服务，但日本政府对项目的处理有一个期限，原则上，期限一到合作就终止。

为了协助敦煌石窟保护工作，我们设立了文化遗产保护振兴财团，这是首次形成了长期协作态势。文化遗产保护振兴财团的宗旨是"协助保护东西方文化交流之路——丝绸之路上的文化遗产，并帮助培养人才"。文化厅和外务省作为主管部门,协助保护与日本文化源流有关的文化遗迹。

最终,就敦煌石窟的合作保护项目进行了三次预备会议。就在该项目有望启动时,1989年6月,西方国家以发生在北京的政治风波为借口,对中国实施所谓的"制裁"。日本政府也决定在这个问题得到解决之前,暂停与中国进行官方交流,许多合作项目也就陷入了停顿。这一事件刚好发生在敦煌石窟的合作保护项目刚要启动的时候,前景令人担忧。

我们当时向竹下内阁提出了以下建议:针对目前需要紧急处理的文化遗产保护事宜,我们是否应该如同尊重人类生命的方式一样进行特殊处理,这一点值得商榷。对此,我向中国发出信件,告诉中方相关人员目前由日本政府方面直接与敦煌研究院联系可能会有困难,所以我们可以通过私人信函的方式取得联系,希望得到中方的批准。同时在信件中传达了日本政府的意向,并将此信寄给了敦煌研究院院长段文杰先生,委托段院长也把我们的意愿传达给中国政府。

后来,中国国务院寄来了致谢回函,对日本政府的诚意表示感谢。我告诉他们,我们会提供一切必要的物资和人员的援助,因为我们相信文化遗产和文化具有超越政治和国界的普遍性和价值。我也相信,这绝不会损害我们彼此的国家利益,反而会增强中日两国的人文交流,增进两国之间的相互信任。文化遗产红十字的精神,就是无论发生什么突发事件,我们都要排除万难保护人类的共同文化不受战争和灾难的影响。

关于文化,我们主张无论国际形势发生何种变化,也要将文化遗产当作人类共同的遗产来保护和支援。一般来说,当外交关系破裂或出现紧张局势时,最好能有人脉和渠道继续对话,这是避免冲突的安全阀。文化遗产红十字的精神,和对在战场上失去战斗力的士兵,无论他是敌是友,都给予人道主义关怀和提供仁慈援助的精神是一样的。

在敦煌看到法隆寺

1987年9月,"敦煌石窟国际研讨会"在敦煌召开,这是首次在敦煌举办的国际会议,主办单位是敦煌研究院,美国、英国、西德、加拿大、印度、新加坡、中国香港、日本和中国等国家和地区的学者云集于此,参加了会议。日方参会人员包括东京艺术大学的敦煌研究团一行,我担任了第一天会议的议长。本次研讨会上,与会学者一致表达了把敦煌的美术和文化遗产传播到世界各地的真诚愿望。

在这次会议之前,东京艺术大学的考察团进行了为期44天的调查,这是五年前开始的第一期敦煌研究的收尾工作。以下是关于调查代表初唐的第220窟时发生的事情。

第220窟是一个有名的洞窟,它的建造年份是在唐代(642年),窟内汇集了南、北魏净土变相图,东魏维摩变相图和帝王图等敦煌艺术中最杰出的一些作品。在调查过程中,我不经意间抬头看了看靠近天花板处的壁画,发现这一部分的颜色和周围的不一样。第220窟的壁画是双层壁画,即唐代的壁画曾在后世的西夏时代(1038—1227年)被涂抹掉,在此基础上又重新绘制了西夏时代的壁画。所以才有了揭开西夏时代的壁画,出现唐代名画的事情发生。我看着那个剥落的部分,但由于它就在入口处上方,那里刚好背光,看不清楚。于是,我让人帮忙拿来台子，我爬上了台子想要靠近一点把它画下来，发现光线还是很暗，所以又拜托他们帮我拿灯照着。

明亮的灯光，将壁画映照得非常清楚，那个瞬间，我不由自主"啊"地叫了一声，然后一直凝视着灯光照射下的壁画。考察团成员察觉到我的异常，都聚集了过来。我们看到在"雪白"的灰泥打底上绘制了一尊观音菩萨像。菩萨像有着朱红与胡粉混合而成的"粉红色"肌肤，整体配色十分鲜艳。皮肤线条是"朱红色"，发丝为"青绿色"，璎珞是"黄色"，衣裳则带有"朱色"、"青绿色"、"绿色"和"墨色"。就画风而言，采用的是极具动感与张力，但又细腻入微的铁线白描手法。而最具特征的便要数那后翘的手指和指腹丰满的指尖了。

这是和法隆寺的第三号、第六号壁一样的菩萨像。从1967年3月到第二年春天，整整一年的时间，我都在临摹法隆寺壁画里的菩萨像。它们与这尊敦煌第220窟的菩萨像，从绘画手法、配色、构图，还有色感、造型诠释和风格，几乎都如出一辙。我不断地临摹，仿佛在与为法隆寺金堂描绘了世界名作的画家进行着紧张的精神互动。我甚至形成了身体记忆，而这记忆里的东西现在就呈现在了我的眼前。

自1968年我踏上追寻法隆寺壁画源流的旅程已有十九年，我终于在敦煌发现了与法隆寺壁画相同的作品。我不由得感叹，从唐都长安向西两千公里的敦煌，到向东两千公里的奈良，都盛开着同样高水平的艺术之花。

再次踏上西域之旅

1981 年 9 月，我踏上了第二次西域之旅。此行的目的是为将要绘制供奉在奈良药师寺玄奘院伽蓝里的壁画进行采风。这是一幅巨幅壁画作品，长 49 米、宽 2.15 米，它描绘的是玄奘的《大唐西域记》中的世界，主要是玄奘赴印度寻求佛法的旅行场景。壁画内容确定下来之后，我认为有必要来一场追寻玄奘足迹的采风旅行，这样才能更好地接近玄奘的体验和感受。

我们从北京飞到西安，参观了陕西省博物馆、唐高宗和武则天的乾陵、汉武帝的茂陵、高宗孙女永泰公主的陵墓以及秦始皇陵，之后飞往了乌鲁木齐。

在参观乌鲁木齐博物馆之后，我们又去了吐鲁番。然后在柏孜克里克千佛洞、阿斯塔纳古墓群、交河故城以及曾经关照过玄奘的高昌故城进行了写生。之后，乘飞机去和田参观了出产昆仑山玉的白玉河。据说如果运气不好的话是捡不到昆仑山玉的。我们捡到了一块璞玉似的石头，刻上了年月日把它带回了家。我们还拜访了经营玉石的工作室，发现当地人都在这里出售从白玉河捡来的玉石。

相传，玄奘在七世纪前半叶前往印度寻求佛法的途中经过的和田城就在黑玉河周边。这里还未对外开放，我们本来是不能进去的，但最终还是获得了特别许可，进入了这片"禁地"。听附近的人说，这里的一片因板块挤压而被推高的土地里曾出土过金佛像，所以同行的人告诫我绝对不能捡掉落在地上的东西。

我们顺道去了一趟在《大唐西域记》中有记载的被推测为城镇遗迹的两个地方，这两个地方都很荒凉，只有几个土堆像堤岸一样突起。

我们还想看看昆仑山中的风景，于是从和田乘吉普车前往。临近昆仑山山脉时，便看到重峦叠嶂。没过多久吉普车就不能继续前行了，我们步行到了半山腰。爬了一会儿之后，发现风景完全没有变化，于是我们继续上山，一边走我还一边写生。就在这时，沙尘暴突然来袭，我一时连眼睛都睁不开。稍微平息之后，也还有细粒的沙尘在空中飞舞。

随后，我们又从和田乘吉普车横穿了一部分塔克拉玛干沙漠前往莎车。两辆吉普车在嘎嘎作响的荒地和鹅卵石翻滚的河岸上奔驰。向导说我们要绕过莎车，直接前往喀什。因为机会难得我还是想去那里写生，所以拜托他们至少开着吉普车在城里经过一下。向导说城内有感染传染病的危险，不过我猜想他应该是担心治安问题吧，最终我们还是决定从城中心穿过。当我在一个看起来像城中心的地方下车刚要开始写生时，人群就聚集了过来，我只好跳上吉普车继续前往喀什。

到达喀什后，我想起自己三年前第一次来到这里的情形，非常怀念。听说喀什郊外有个叫三仙洞的洞窟寺院，于是我们前往探寻。高高的悬崖上开凿了一个洞窟，在洞窟深处可以远远望见一尊没有佛头的佛像。再往前是一座用泥砖建造的佛塔。这一带看似沙漠，但实际上是一片湿地。随着吉普车的车身逐渐下沉，我们只好放弃前行。

我下了车想走着去佛塔。但是，我的脚就像陷进了深不见底的泥沼里，想要拔出来，但泥地像黏土一样，粘住了我的鞋子，我慌忙求助，终于把鞋子拔了出来。因为这一带太过危险，所以我最终放弃了去佛塔，只能在远处写生。

天山山脉的雪水融化，形成阿克苏河。阿克苏河从远方流淌过来，一直向西，在快到莎车的地方突然被吸入了沙漠，分流成越来越窄的小细流。据说这些小细流最终会伏流于地下，还会改变流向，所以这片区域便形成了湿地。即使是乘着吉普车也很危险，据说要铺上类似草席的东西才能通过。

中国古美术研修之旅

1982年3月,这一学年的课程结束后,我带领研究生院日本画专业第三讲座的研究生和修复保护系的研究生前往中国,开启了联合研修之旅。东京艺术大学从1977年开始一直利用日本的春季休假,以我指导的第三讲座的研究生为对象,开展中国古美术研修之旅。这样做的目的是让学生们在年轻的时候尽可能地接触作为日本文化源流的中国文化,希望这样的活动有助于他们今后的研究。

我希望学生们能够通过亲自观察历史悠久的中国遗迹和文化,了解中国与日本的关系,比较两者之间的不同。

在当年的旅行中,我们参观了北京故宫博物院、历史博物馆、八达岭万里长城、明十三陵、颐和园等地,并对它们进行了写生。然后我们又坐着火车去大同参观了云冈石窟,依次对已经公开的第20窟、第19窟、第18窟、第17窟进行了参观和写生。在大同市内,参观了上华严寺和下华严寺,并进行了写生,然后坐火车到洛阳,去了龙门石窟。

我在1975年曾经来过一次龙门石窟,这是我的第二次到访。我和学生们一起参观了每个洞窟,并且以奉先寺洞为主,对佛像进行了写生。之后,我们前往西安,在陕西省博物馆进行文物写生。我们参观了乾陵,并对通往乾陵路边的天马石像以及景观进行了写生。当时，秦始皇陵的兵马俑还没有对外开放，于是我们只参观了周边的华清池，看到西安郊外的民居和古老有趣的建筑，我就把它们画下来。从西安再到上海，参观完上海博物馆之后我们就踏上了回国之路。大多数研究生都是第一次到中国旅行，此次旅行对他们将来的研究应该会很有帮助。

研究生要学习日本的文化史，就必须树立以中国为中心的文化圈视角。但有一点我们不能忘记，那就是我们不能一味地照搬中国，而是要在充分理解自己国家本土文化的基础上，去接受中国文化与佛教文化，并思考佛教文化曾经作为国际文化的先进性。佛教传入日本，是因为在符合日本风土的稻作农耕文化中已经培养出了佛教传入所需的精神基础。虽然日本人接受了在严酷的自然环境中诞生的佛教思想，但为了让它融入日本人的感性，日本将佛教思想与日本的民俗信仰——神道同化，以神佛融合的形式接受了佛教思想。但如今，日本的这种特质正在逐渐消失，为了尽早让学生们能够亲自感受到中国和日本在东亚的文化关系，我们才开始了组织艺术大学的研究生到中国研修旅行的计划。

本次研修旅行旨在让传统的日本画专业的研究生直接接触中国的风土和文化，让学生以自己的方式感知中国画与在我们的血液中流淌着的、从东洋画中诞生的传统的日本画之间的共同点，以及它在日本本土化之后与中国的不同之处。

顺长江而下

1984年9月15日至10月5日，我开始了顺长江而下的旅程。路线是在游历完北京、成都、重庆、大足后，又回到重庆，从重庆开始沿长江顺流而下，前往宜昌、武汉、上海、苏州等地。

我们是坐火车从成都出发去的重庆，重庆和武汉、南京并称为中国三大火炉，极其闷热。我们去了重庆附近的大足石窟寺，这是一个集合了许多元代佛像雕刻作品的石窟群。墙面上刻有大大小小的佛像，非常精美。除了佛像之外，还有平民的身姿圆雕群像，表情和身体动作的表现既富有感染力，又美丽动人。

回到重庆之后，我们就开始了沿长江而下的水上之旅。长江水流湍急，两岸是高耸的岩壁，船在岩壁之间顺江漂流。沿途有白帝城和岩壁上的古代悬棺等，名胜古迹遍布周边。船上有房间，晚上可以住在船上，我们一边参观学习，一边欣赏中国的大自然风光。沿途景色壮阔美丽，简直是一场美好的享受。长江两岸有无数的河流汇入，我们欣赏着左右两岸巍峨的岩壁，沿途写生拍照。随着陡峭的岩山逐渐平坦，河岸也逐渐变宽。据说这里以前有很多拉船的纤夫。

在武汉上岸后住了一晚，我们又经上海去了苏州。细看苏州的石桥，每一座桥的设计都各有特色，形状各不相同。河宽不同，桥墩和跨在运河上的拱桥弧度也会有微妙的变化。既有直线型的舒展设计，也有流线型的设计。河上有正在缓缓划行的船只，也有带引擎的排成一列正在运载货物的船只。人们装载和搬运货物的景象，大概是这里亘古不变的风景吧。

看着老房子的白墙和灰黑色的屋顶瓦，你就能感受到历史的厚重和这座城市的韵味。拿苏州和威尼斯相比，在色彩上更能体现东洋风格与欧洲风格的区别，这样的对比十分有趣。隋炀帝通过开凿运河将苏州与杭州相连，进而又通过水路与长安相连。大运河的开凿，至今仍在影响着沿岸人们的生活。

坐火车从上海到南京的路上，可以从车窗眺望这条运河沿岸的风景。有很多文人墨客都曾到访苏州，加之这里本来也是人才辈出之地，走在街上到处都能看到这些文人留下的踪迹。

黄河写生

1986 年 6 月 30 日至 7 月 10 日，NHK 录制了一档我在黄河流域一带徒步作画的特别节目。

首先，我们访问了宁夏回族自治区的银川。在一片荒凉如沙漠的干涸之地上，可以望见一条闪着银光的水流，那里就是银川。银川地处黄河上游，是一个拥有很多古老寺庙和历史遗迹的城市。作为西夏王朝的首都，银川郊区有几座西夏王朝的皇家陵墓。用土堆成的金字塔状陵墓，像一排扣着的三角帽，场面十分壮观。西夏曾经在这一带称雄称霸，建立了自己的王朝，有一段时期甚至占领了敦煌。在敦煌石窟的总计 492 个洞窟中，有几个是西夏时代建造的。另外，西夏文字是由两种复杂的汉字交叠而成，看似能看懂，其实完全看不明白。

中国内蒙古自治区有一个叫哈拉浩特（黑水城）的地方。哈拉是黑色之意，这一带的小石子是黑色的，所以被称为黑色沙漠。这片黑色沙漠中有哈拉浩特的遗迹。城墙围成方形，四角耸立着塔楼。靠近哈拉浩特地区远远地就可以看见城墙，那些遗迹就在那片荒凉壮烈的风景中。

我们还访问了内蒙古自治区的临河市。这一带的黄河水流湍急，有些地方还会卷起逆流的水花。黄河水犹如溶化了的可可粉，混杂着大量的泥浆，看着浑浊而厚重。如果久久凝视着

平山郁夫与中国

第三章 | 坐着火车去敦煌

1986年，
《黄河（清晨）》

1986年，
《黄河（夜晚）》

081

它的话，就会有种要被它吸进去的感觉。

　　有的村庄会开凿小河道来引流黄河水，以到处垦造水田。这一景象与埃及尼罗河河畔的风景相似。我在黄河边写生，村里的一个小女孩走过来看我画画。于是，我邀请她做我的模特，她答应了。她虽然好像有点害羞，但一直一动不动地乖乖坐着。我猜测这个长相朴素、面容坚毅的小女孩大约有七岁。

　　和世界上的其他大河一样，黄河也会时不时洪水泛滥。我们去看了黄河在宋代时泛滥过的痕迹。据说，现代的黄河与宋代相比，向南偏移了100多公里。这在日本人看来，是难以想象的。现在的岩石山山脚处，据说就是宋代的黄河水道，因为这里的岩石有水流过的痕迹。

　　当时是河床的地方，现在变成了旱地，所到之处都是水塘。这些水塘或许是洼地积水残留下来而形成的吧。我猜想这条浊流般的黄河，当时大概泛滥了数十平方公里，洪水平息后，黄河的干流改道流向了低洼地区。可是它现在却在相距100公里的地方流淌着，这也说明了中国疆域之辽阔。

　　在这个地区的深山里，听说可以看到画在岩石上的刻线画。这里的山谷，据说是古代一条注入黄河的支流。河底特有的圆滚滚的石头随处可见。虽然现在的河水已经干涸，但在古代，这里的水量一定很充沛。走在河边，我不禁会想这一带在石器时代应该是宜居之地吧。

　　这里有很多大石头上都刻着线，那些都是描绘着人和动物的刻线画。一位蒙古族的考古学家给我们做向导，他激动地告诉我们，他研究这些刻线画已经几十年了。仔细考察，会发现这些东西似乎还有可能成为考古学的研究对象。这里还有汉代的古城，我以黄河为中心一边徒步行走，一边对这一带进行写生，收获颇丰。

第 IV 章

令人感动的楼兰

楼兰，我来了

1986年9月1日至10月16日，我前往塔克拉玛干沙漠，开启了西域南道之旅，而此次旅行最大的目的地就是楼兰。为了绘制讲述唐朝玄奘求取真经之行的《大唐西域壁画》，我想着务必要去一趟西域南道。但西域南道是一片完全没有开放的区域，楼兰又是其中最难以涉足的地方。

这趟沙漠之旅，我们共准备了六十多个长宽高各为一米的木箱，里面装了大大小小的帐篷、垫子、睡袋，连食材也自备了。在做好万全准备后，我们飞往了北京。

此次的计划是从乌鲁木齐经库尔勒进入楼兰后，再坐吉普车依次去往和田、民丰、且末、若羌、米兰古城，最后回到库尔勒。从乌鲁木齐到库尔勒的旅程，最初那段也是乘坐吉普车，之后再乘坐直升机从库尔勒的机场飞往楼兰。我便利用在此之前的两天时间，游历了库尔勒周边的遗迹，进行了写生。

9月17日，终于要乘坐直升机飞往楼兰了。我们的飞行员是一名资源探测老手，他驾驶着直升机，在大沙漠中寻找那小到一个点的楼兰佛塔，这简直如同大海捞针一样困难。他凭借着对经纬度的判断，驾驶直升机飞行在沙漠中。每飞行大约三小时就要到临时加油站去补给燃料。此时的塔克拉玛干沙漠也向我们展示着它变化多端的面貌，犹如风蚀形成的雅丹地貌一般，或是凹凸不平的台地，或是像波涛连绵状的沙丘。

伏流于地底下的河川逐渐显露于地表，那蜿蜒的河床分散成无数条早已干涸的河道，在这片大地上迂回绵延，勾画出条纹花样。偶尔所见的沙漠绿洲像是一座绿色的小岛漂浮在大海中。直立着的枯木零星散落各处，像是被大火烧过的痕迹。直升机朝着楼兰佛塔大致的方向飞行了好几个小时，也没有发现这片遗迹的踪迹。飞机在600米的高处飞行，我凝视着这片沙漠，随笔将它描绘了下来。

大已经飞行了约六小时，直升机突然开始盘旋。这时，有人喊道："看见塔了！"我目不转睛地拼命搜寻，终于，看到了一座孤零零的佛塔，像大碗一样倒扣在沙漠里。我在

1986年，楼兰

心中大呼快哉："楼兰，我终于来了！"多少年我一直企盼着想要来到这片属于中国的秘境中的秘境，如今，我终于来了！

直升机以佛塔为中心，缓缓地盘旋下降，佛塔也逐渐变大，直到我们与佛塔处于同一高度。考虑到可能存在一定的危险性，我们的原计划是在此不作停留，但我们最终还是着陆了。

原本只是打算在空中看看楼兰就已知足，没想到飞行员却为我们放下了舷梯，对我们说："安全着陆了，我们短暂地停留一会儿，走到楼兰的土地上去感受一下吧。"我拿着写生用的画具，和妻子二人走到离直升机二三十米的地方，静静地端详着这座神秘的佛塔。

直升机的引擎并没有停下来，螺旋桨还一直转着，等着我们随时出发。

1899 年，斯文·赫定踏足楼兰以来，我是到访此地的第二个外国人。我以眼前的这片景色为前景，开始画佛塔。可能是由于太过激动，我总是不自觉地就会用力过猛，铅笔总是被折断，妻子在旁边一直奋力地为我削铅笔。

随后，我又稍微变换角度画了第二幅画，再走到稍微远一点的地方画了第三幅画。在画第四幅的时候，我看到了像是城镇遗址的地方。山丘状的台地上立着一扇木门，木门两旁是柴棍状的栅栏，栅栏里斜立着数根柱子。这一带像是还有人居住，跟里面打招呼说"你好"，仿佛还能听到对方回应"嗨"。我一点点地改变位置，又继续画了第五幅、第六幅画。

计划停留的三十分钟早已过去，在我画到第七幅、第八幅

第四章｜令人感动的楼兰

1986年，楼兰

1986年，楼兰

的时候，开始起风了。我戴上了护目镜防止细沙吹入眼睛。素描本被风吹得哗哗直响，我用卡子固定住画纸，继续作画。沙尘飞扬，远处看起来变得有点模糊了。

飞行员向我喊道："起风了，太危险，我们撤了，赶紧登机吧。"我一边走着还一边继续在画，想着哪怕再多描一笔也好啊。大家都登上了直升机，舱门关闭的那一刻，引擎轰鸣作响，卷起的沙尘在空中飞扬。从机窗向下望去，楼兰遗迹已被沙尘包围，逐渐消失在我们的视野。多亏大风袭来前的那一刻，飞行员迅速作出了判断，我们才得以平安起飞。虽然在地面只停留了不到 40 分钟，但我心心念念的楼兰之旅终于梦想成真。随后，我在飞机上继续完善刚才的写生作品。

楼兰王国，大概在七世纪被北魏灭国。自那以来，1350 年间再无人到访于此，楼兰古国长眠于此。七世纪中期，玄奘从印度返回长安的途中，也曾想要在楼兰王国逗留，但那时此地已成废墟。他惊异于楼兰王国已空无一人，因找不到住处而饱受苦难，于是将此事记录了下来。无人到访、荒废千年的楼兰，几乎完全保留着它的原貌，逐渐被风化，以遗迹的形式残存了下来。

西域南道之旅

顺利到访楼兰后，我又换乘吉普车踏上了西域南道之旅。车队由数台丰田兰德酷路泽越野车和货用大卡车组成。我们从西域南道的和田出发，这是我第三次到和田，距离下一站民丰还有 300 公里。昆仑山脉的北边就是西域南道，南道两侧是沙漠，遍地种植着绿色的白柳和红柳，周边杂草丛生。再往深处稍微走走，就是绵延数百公里的塔克拉玛干沙漠。

从和田到民丰的这 300 公里，荒无人烟，这不由得让我思考，昔日的旅人究竟是如何在这样的沙漠中艰难行进的。玄奘于 645 年，从印度返回长安时，也曾经过这条西域南道。

我们在民丰住了一晚，当时这里还未对外开放，恐怕我们是第一批到访此地的外国旅行者吧。民丰城遗址处于完全被沙漠吞噬的风化状态，或许这里曾是战场，静静躺着的白骨胸上还插着箭矢。箭是汉代的物品，那堆白骨应该是在沙漠中长眠了将近 2000 年的将士的骸骨。

民丰城遗址附近有一座体面的墓穴，墓穴的陪葬品因为沙漠干燥的风土得以保存完整。这里大部分遗迹都被埋在了沙土里，河流干涸后留下的河床，在沙子中形成了像战壕一样的沟壑。由于河川流向的改变，那时的民丰不再适宜居住，人们不得不放弃这里。河川流向每改变一次，人们就不得不迁移住址，渐渐地就迁移到了昆仑山脉的北侧。昆仑山脉的雪水渗入地底形成伏流的水源，显露于地表形成了河川。人们就顺着这条河移动，逐渐移动到了昆仑山脉，便有了现在的民丰县城。

第二天，我们出发去了东边的且末县。由于且末县没有住宿的地方，我们只好连夜赶往米兰古城，在米兰住了下来。英国探险家斯坦因在米兰古城的寺院佛塔遗迹里发现了"有翼天使"的壁画，这幅壁画画的是一个有着希腊面孔、长着翅膀的天使，如今被收藏在印度新德里的国立博物馆中。东方文化里的天使通常被称作"飞天"，他们经常出现在以中国为主的佛教绘画当中，"飞天"不是靠着羽翼在天空中飞翔，而是借助身披的天衣。希腊的天马和斯基泰人的狮鹫都有着丰满的羽翼，但飞天的天衣与这些天使的羽翼不同。

与集中分布的楼兰遗迹不同，米兰遗迹中的寺院等建筑物像一座座岩山一样，都是散落在平坦的沙漠中的。但它们都是由晒干的泥砖堆砌而成的，在经年累月的风化作用下，就会像冰一般融化，慢慢地坍塌。只有发现了有翼天使像的那座佛塔，千百年来孤零零地伫立在荒凉的沙漠中，诉说着历史的厚重感。

随后我们离开米兰，朝着库尔勒市出发。前往库尔勒的路上，有一些周边的沙粒被风吹到路边堆积而形成的小沙丘。车子的车轮有时会陷进沙丘的沙子里动弹不得，我们只能停下来用铁锹或徒手把沙子挖开，再继续上路。仔细观察会发现，这条路是由两层精心烧制的砖块铺设而成。无论风沙把路面埋得多严实，只要铲开这些沙子就会看到坚固结实的路基。风沙如此肆虐的地方，道路还能保存完好，确实是令人惊讶的事情。

这条耗费了大量劳力和时间修建的道路,一直绵延了数十公里。之后,我们从库尔勒返回喀什的基地,这趟西域南道之旅顺利结束。为了积累绘画素材,我曾经去过许多地方旅行,但这一次是最艰苦的。

承德的喇嘛庙

1986年10月11日至16日，我受邀来到中国参加中央工艺美术学院（现清华大学美术学院）建校30周年纪念活动。中央工艺美术学院的院长常沙娜女士，是敦煌研究院名誉院长常书鸿先生之女，而我与常书鸿先生是旧交，因为这层关系我们在美术学院设立了平山郁夫奖学金，以此资助学生。美术学院举行了盛大的30周年庆典，我在庆典上面向全校师生做了题为《日本与中国的历史》的纪念演讲。庆典结束后，常沙娜女士与曾在东京艺术大学设计专业留过学的张绮曼女士，还有我们夫妇二人，一同去了承德旅行。

我们从北京乘坐火车出发，经过四小时，来到了美丽的承德。以前这里被称作热河，是清朝皇室夏季避暑的离宫。这里还有喇嘛庙和被称作"小北京"的文化遗址。我们住的地方是酒店里的一个蒙古包式的独立大房间，带有浴室和卫生间，里面撑着几顶白色的帐篷。11月的承德早晚已有些寒意，我们选在白天去参观建造在山体斜坡上的清朝时期的宫殿和喇嘛庙，那天天气特别晴朗，气温非常舒适。

喇嘛庙色彩丰富，外观美丽，虽有些破损，但只要稍作修复就会成为宝贵的文化遗产。喇嘛庙的一角是保存完好的王宫和寺院，它们与周围自然的湖光山色和谐地融为一体。听说现在正在一点点地修复，但当时远观甚是壮丽，近看则略显荒凉，着实有些遗憾。不过，单从保存完好这一点来看，我们也能真切地感受到中国文化深厚的底蕴。

文化交流结硕果

1988年5月9日至12日,在北京市现代美术馆举行了日本前首相三木武夫夫妇的油彩、书法、陶艺等作品的展览会。1964年,我曾担任过一段时间三木首相夫妇的绘画创作顾问。因为这层关系,我为三木首相夫妇展览会的作品目录写了随笔,并且参加了此次北京展,协助他们完成了此次文化交流活动。三木首相当时卧病在床,未能与睦子夫人和展览会相关人员一同访问中国。开幕式在美术馆隆重举行,之后我还参加了在人民大会堂举行的招待会。

同年8月25日至30日,竹下登首相访华。我也因为参与敦煌石窟的协助保护工作而加入了访华团,陪同首相参观了敦煌。

毋庸置疑,敦煌石窟是中国最重要的文化遗产之一。为了正式开展协助保护工作,中日两国之间必须达成一致意见,对日本政府来说,首相的决断至关重要。所幸,竹下首相在首相官邸设立了日本国际贡献咨询机构,召集文化界名人和有识之士参与会议,积极讨论日本在文化上的国际贡献。

协助保护敦煌石窟事宜提上了日程,并获得了批准。8月,定下了在竹下首相访华的时候访问敦煌,于是我便一同前往。我们在北京会见了当时中国的总理及其他相关的政府要员;

在人民大会堂会见李鹏总理时，竹下首相提出了协助保护敦煌石窟的计划。我们在去敦煌之前先去了西安，参观完阿倍仲麻吕纪念碑、秦始皇陵兵马俑后，乘专机抵达了敦煌。

参观完敦煌石窟，竹下首相在石窟的一角召开了记者会，又向大家传达了日本将协助中国保护敦煌石窟的决定。此后，我们一行在夜里去了鸣沙山，满月下的沙漠和鸣沙山令人沉醉。日本政府无偿协助中国保护敦煌石窟的活动就此确定下来。

同年9月9日至15日，文化遗产保护振兴财团派遣了由商界和文化界的有识之士组成的敦煌访问团，再次前往中国。这是一个以财团理事长石川六郎先生为首、由70人组成的访华团。中方派了中日友好协会的孙平化会长来招待我们，这次也是首次民间使用从北京到敦煌的专机迎接访华团。敦煌研究院非常热情地迎接了我们访华团。当时除了日本政府的协助计划，我本人也承诺画一些敦煌的作品，举办展览会，并设立了敦煌研究基金。

前往黑水城遗迹

之后的 9 月 14 日至 20 日,我与访华团分别,途经河西走廊前往黑水城。我从兰州出发,乘车经河西走廊,前往酒泉。横跨流经兰州市内的黄河,一直延伸到敦煌的这条路就是河西走廊。我曾坐火车走过河西走廊,坐汽车还是第一次。

乘火车飞奔在河西走廊上,会有一种北边的戈壁沙漠正朝着铁路压过来的感觉。而驱车沿着铁道对面的祁连山脉山麓前进时,在车上看到的铁道线宛若一条细线,火车奔走在沙漠和祁连山脉之间。在转弯的地方就能非常清楚地看到当地的地理风貌,我顿时明白了河西走廊这一名字的由来。

汉武帝时期,朝廷为了抵御来自北方的骑马民族——匈奴的入侵,派了青年将军卫青和霍去病前去抗击。据说,武威就是当时的军事基地。这里残留着几处汉代万里长城的遗址,有些地方的长城城墙还是内外两层的叠层构造,至今仍显得坚固而威严。

我们还参观了武威的大型军用马牧场,这是一个从汉唐时期一直延续至今的历史悠久的牧场。广阔的牧场里有几十匹马,还有湖泊,湖面上倒映着头顶白雪的美丽的祁连山脉。

汉武帝时期,汉朝军队虽曾一度击败匈奴军,把他们赶到了西域边境,但自古以来,快如闪电、体型健壮的战马军团对

第四章 | 令人感动的楼兰

1988年，河西走廊

历代中国王朝的侵扰都未曾停息过。中原地区的军马是体型较小的蒙古马，速度和马力都逊于北方骑马民族的马。因此汉朝的中原人给自己不曾拥有的梦想中的战马赋予了"天马""汗血马"的称号，从中我们也能看出当时的中原人对飞驰疆场、流汗如血的宝马充满了憧憬与敬畏。

我们参观的那片牧场是古代名马的产地，也曾是匈奴人的基地。或许是由于这里的牧草肥美，出产的羊肉也是没有丝毫羊膻味，非常美味。

我们继续前往酒泉，朝着距离大约有600公里的黑水城出发。车子行进了数十公里就进入了没有铺装水泥和沥青的路，只能在大沙漠里摇摇晃晃地前进。再往前走，通往黑水城的路就越发迂回曲折了。从酒泉到铺装道路结束的那段路途中有中国的卫星发射基地，据说那是禁入地带。我们在路上并没有看到基地，不过向导告诉我们，基地就在前面那座小沙丘的后面。

再往前走就是由黑色的沙子和小石子混杂而成的一望无际的大沙漠，这与我们平时看到的土黄色的沙子完全不同，仿佛进入了一个别样的奇异世界。临近黑水城附近的额济纳市时，就可以看到沙漠里出现了许多凹凸不平的沙坑和沙丘。到访额济纳的外国人很少，这里大多是当地的蒙古族人。水在这里十分珍贵，因此这里的人们是不会泡澡的。我接了一盆水，先是洗了把脸，接着再用它简单地冲了冲身体。

迎宾宴是蒙古风格的。一根筷子般粗的羊脂被切成两段，用手捧着直接送进嘴里吞下去。蒙古酒度数很高，连喝几杯的话胃会受不了，所以蒙古人才想出了喝酒之前先吞下羊脂保护胃襞的做法。但如果吞咽失败，羊脂就会在口中融化，有些恶心反胃，不过蒙古族的人都很擅长吞咽羊脂。蒙古族的女性会跳着舞来劝酒，这时候就一定要接受，因为不接受她们的敬酒是有失礼节的。同行的中日友好协会的一位成员，作为打头阵的代表，孤军迎战，最后还是有些吃力地败下阵来。

第二天我们出发继续前往黑水城遗迹，中途还看见了三座西夏时期用泥土建造的佛塔，再往前走就看见黑水城的城墙出现在荒凉的沙漠尽头。吉普车在不成道路的路上朝着城墙行驶着，这时一阵强风呼啸而来，地面被吹得坑坑洼洼，没有一处平地，沙子被吹到红柳树下堆积了起来，在各处形成了小沙丘。

荒野中的黑水城始建于西夏时期，一直存续到元代，城墙非常雄伟壮观。城墙附近北侧来的风很大，长年累月这里就形成了大沙丘。城墙虽然很高，但逐渐被隆起的一座、两座、三座连绵不断的大沙丘掩埋。

城墙的四角建有西夏样式的佛塔，如今只剩下其中一座了。城墙外还有几座小型的供奉塔，残破的供奉塔里滚落着许多泥塑的小型佛像。城内的建筑物已被破坏，只剩下像是地基的部分。地基里有看起来像小石头的白色东西，好像是人的骸骨，那是被蒙古军歼灭的西夏战士们的骸骨，竟然被用在了地基材料里。

二十世纪初，俄罗斯人科兹洛夫发现了黑水城，从这里带回了大量的佛像等珍贵的文献文物。还有一些无法搬运的出土文物，至今都埋藏在了被沙子掩埋的城门边，也很难再从这些沙子里把它们挖掘出来。

平山郁夫与中国

第四章 | 令人感动的楼兰

1989年，
《梦幻的西夏王国黑水城遗迹》

地上现在还散落着纺织品、陶器、宋元的古钱币。站在城墙上，内蒙古的大沙漠一望无际。大风刮起，沙尘飞扬，写生铅笔盒瞬间就被黄沙掩埋。站在这片遗迹中，聆听耳畔呼啸的风声，也能感受到民族兴亡的历史。

北京·中国美术馆的丝绸之路展

1991年9月16日至10月3日，因举办"平山郁夫丝绸之路展"，我再次访问了中国。展览会在北京的中国美术馆举办。中国美术馆是中国的国立美术馆，这里以前主要展出现代画家的作品，但由于1976年唐山大地震的影响，美术馆墙壁受到损坏，已暂停使用。之后，中国文化部开始对美术馆进行维修，地基和建筑物墙壁部分已经修缮完毕，但由于财政困难，室内装修被搁置了下来。

继巴黎的吉美国立东洋美术馆和华盛顿日本大使馆宣传中心举办的"平山郁夫丝绸之路展"之后，我又被邀请去中国美术馆举办"平山郁夫丝绸之路展"。为此，中国美术馆的室内装修就必须重启了。当时恰好中国现代美术展正在日本举办，中国文化部和美术馆的工作人员，以及画家代表团都来到了日本，我在日本与他们会面了。因为敦煌石窟的合作保护项目，中国当局了解到"文化遗产红十字"活动，于是他们找我商量能否协助他们完成中国美术馆的维修，我答应一定尽力而为。

首先，日本方面派了几位室内装修的专家去往中国，进行了前期的预算和设计工作。最后决定，除照明器具等必须从日本搬运过去的东西以外，壁纸、木材、玻璃等装修材料都尽量在中国国内进行采购，设计总监由日本方面的专家来担当。由于原材料在北京市内采购，最小限度地使用日本带去的东西，节约了成本，因此除最初预定的室内装修外，对展示厅以外的部分也进行了大范围的修复。

"平山郁夫丝绸之路展"于9月27日在北京举行，中日双方相关人员云集于开幕式。中方还帮我安排了我的亲朋好友从日本到北京来参观此次展览会。展览会步入正轨之后，我们又去了西安，参观在西安市郊外发现的唐代法门寺的出土文物。法门寺的佛塔，曾因1981年的一场大暴雨而崩塌。后来，人们在佛塔的基座内发现了地下宫殿，发掘出了唐朝第十七代皇帝唐懿宗进献的大量物件，引起了很大的关注。当时出土的文物，除了金银器具之外，还有塑像和贵重的染织品等。我很想亲眼看看这些文物，最后在中国国家文物局局长的陪同下，如愿以偿。

访问桂林

　　1991年10月30日至11月6日，我又因以下两个原因去了中国。一个是被邀请出席11月1日北京中央工艺美术学院的建校纪念日活动，第二个是此校将与我们东京艺术大学缔结为姊妹校。为此，还举行了两所大学青年教授和研究生作品的共同展览会，我校艺术学院院长以及多名教员都参加了此次展览会。

　　中央工艺美术学院在许多年前就设立了平山郁夫奖学基金，为各科优秀的学生颁发奖学金。在开幕式上，还举行了奖学金的授予仪式。两校之间的文化交流活动进行得非常频繁，东京艺术大学也在积极推进中国青年教师的研究留学项目，特别是东京艺术大学的设计系教授还会到中央工艺美术学院举办讲座。另外，东京艺术大学的音乐学院与中央音乐学院也开始了文化交流，两所大学在北京举办了共同演奏会。

　　上述活动结束之后，我去了桂林。此前桂林市长访日，我们之间有过一些交流，本次访问桂林就是受他之邀。我一直都想去一次桂林，却总是苦于没有机会，这次终于如愿以偿地感受到了桂林的风土人情。虽然我以前通过照片和画作早已领略过桂林的风光，但实地到访，依然被这里的绮丽景观震撼到了。

　　乘观光船顺着清澈的河流而下，两岸耸立着在日本难以想象的奇山峻岩。桂林独特的岩石山顺着流水一座接一座地出现，美轮美奂。我在观光船的甲板上写生，用相机拍照，每一刻风景都值得记录，令我目不暇接。中国山水画里描绘的大多是这样的奇山异石，以前看到这些时就会想，这样的风景真的存在吗？当目睹了桂林的奇山峻岩时，才发现原来这些难以想象的景观是真实存在的。我再次感慨艺术并不是凭空想象，而是基于现实，又高于现实的创作。见识过了中国如此广袤的沙漠、巍峨的黄山以及黄河长江之类的大江大河之后，我也明白了中日两国在气度上的差异，从这样的景色里催生出的自然观和器宇轩昂，与日本是完全不同的。

中日两国大学的共同展览

1993年10月4日到13日,我访问了中国的北京、西安、杭州和上海。

中日共同展览在中央工艺美术学院举行。如前所述,中央工艺美术学院与东京艺术大学已经缔结为姊妹学校。两所大学隆重地举办了研究生和青年教师的共同展览,双方都期待着今后能够展开各种交流活动。

1993年,法门寺写生

逗留北京期间，适逢中日友好协会创立30周年的庆典活动。本次庆典推选了为中日友好作出一定贡献的几名日本人作为"中日友好使者"并进行了表彰，我有幸成为其中的一名。

10月7日，我再度参观了西安郊外的法门寺。寺庙的佛塔下出土了大量的唐懿宗时期进献的银器、雕像、美术工艺品等，由于这些都是非常宝贵的文物，光保管室的钥匙就有三把，分别由三名不同的工作人员保管。1991年，我来参观的时候很不凑巧其中一名工作人员不在，所以那一次有些文物没能看到。唐代的染织物非常多，据说为了保护这些文物，需要花费数十年的时间来进行调查研究。

随后我又去参观了留存在西安的唐代大明宫正殿——含元殿的地基。但是由于长期的自然损坏、风雨侵蚀，地基也开始垮塌，已经难以维持原状了。当地的文化局希望动用日本提供的联合国教科文组织信托基金来进行此处遗迹的发掘和保护工作。为此我在文化局工作人员的陪同下参观了大明宫旧址，并仔细听取了相关说明。大明宫里有一处麟德殿遗迹，这里的发掘工作已经完成，正在进行保护研究工作。据史书记载，麟德殿是702年日本人粟田真人拜见武则天皇后的地方。我一想到粟田真人在八世纪初期作为遣唐使，从日本千里迢迢来拜见武则天皇后时所经历的劳苦，就感到心中一股热血涌了上来。

前面所提到的含元殿旧址，位于从大明宫正门进去，再往深处走几百米的地方。走一段约七十米长的台阶，登上那二十米高的基座就到了含元殿。加上左右两边的偏殿，含元殿是一座宽度在一百米以上的大型两层建筑。据说唐朝的历代皇帝都是在含元殿里朝会和听政的。日本的遣唐使一行当时是怀着怎样的心情来到这里的呢?

这座与古代奈良时期的日本有着深厚联系的大明宫,是日本白凤时期的都城藤原京和平城京的原型。如果这个遗迹崩塌消失,必定会对中日两国的古代文化交流史研究产生阻碍。我回国之后,便迅速去拜访了外务省文化交流部长,向他提议中日齐心协力,共同保护大明宫。1997年11月,大明宫的发掘工作结束,进入了遗迹保护阶段。新建的陕西省历史博物馆恢宏气派,这座博物馆可以说是高度复原了唐代的大明宫,是将我们对昔日大明宫的想象具象化了的建筑物。

之后我们从西安出发前往杭州,并在西湖写生。漫步在西湖湖畔,我体会到了古时的汉诗是如何被吟唱出来的,也明白了在这片土地上文人墨客辈出的理由。

再度访问楼兰

1989年11月21日到29日,我加入了朝日新闻社组织的楼兰遗迹学术考察团,作为考察团团长,带领报社和电视台的采访组成员在内的十余人,在楼兰扎营数日进行调查。我非常期待这次的调查能够取得一定的成果。

我们经由北京飞往乌鲁木齐,再从乌鲁木齐驱车前往库尔勒,最后从库尔勒的基地乘直升机前往楼兰。直升机从库尔勒起飞,在塔克拉玛干沙漠的上空飞行了大约两小时,终于发现

1989年,中国楼兰素描

了楼兰的佛塔。在此之前，我还以为自己不会再来楼兰了。怀着激动的心情，我从直升机走下来，再次踏上了楼兰的土地。先行队伍已经把器材运了过来，帐篷和纸箱也被整齐地垒放在那里。

我立刻取出了写生工具，准备好装备，开始写生。我找到了一个观察佛塔的最佳位置，清除周围的一切杂音，仿佛来到一个空无一人的寂静世界，专注地画了起来。楼兰在七世纪就成为一片废墟，此后的一千四百年岁月仿佛凝结在了这里，至今未变。

沉静下来后，这里给人一种恐怖且死寂的感觉。在漫长的岁月里，楼兰就这样自然地沦为废墟，不被周遭的一切所打扰。沙漠的日落来得更早一些，太阳一下子就沉入了地平线，气温也随之骤降。回到营地时，营地里已经扎起了好几顶帐篷。中国的工作人员捡来了干枯的胡杨木树根，开始生火做饭。

日落后，我们用胡杨的根须生起了篝火，大家围着篝火共进晚餐。随着气温下降，天气逐渐变得寒冷。周围一片漆黑，只能看到地平线无限延伸，天空繁星点点，闪闪发光，还能清楚地看见银河，就像在用星象仪观测天空一样，能清楚地看到星星洒满了整个美丽的夜空。橙色的人造卫星快速地从天空中掠过，有时还能看见好几颗人造卫星交错着划过夜空。以楼兰遗迹为中心的方圆两百公里范围内，没有一丁点儿人造光源。

帐篷里也开始冷起来了。零点的时候，我在睡前看了一眼温度计，是零下13℃。我穿着厚厚的衣服，贴了发热贴，还用了两层睡袋，依然感受到刺骨的寒冷。1989年11月25日，

1989年，楼兰遗迹的当地导游

为了看楼兰的日出，我很早就起来了。带上写生工具等行装，一出去就感受到了刺痛皮肤的寒冷。而此时，茜红色的太阳已经升了起来。于是我描绘了一幅从沙丘上看到的日出之景。

到了中午，气温上升，终于感觉舒服些了，我便从各个角度描绘了楼兰中心的佛塔。这是一座由砖头堆砌，再涂上泥而建成的佛塔。佛塔的顶端有些破了，那是斯文赫定发掘佛塔时挖破的痕迹。化为废墟的遗迹里，干透了的木柱上，清晰可见挖掘时残留的痕迹。大部分木造建筑都坍塌了，只留下一些结实的部分倒在那里。石磨断成了两半，滚落在此。麻制衣物的断片埋在沙土里，只露出一小块在风中摇曳。

楼兰遗迹几乎是没有被发掘过的，可以想象如果真的开展发掘工作的话，将会有大量的埋藏文物被发掘出来。任何一处遗迹都是随着大规模的发掘工作才得以展现全貌的。在中方的全面支持下，我们在楼兰待了三天。天气也一直处于无风状态，在这绝好的晴日的眷顾下，我的写生工作也得以顺利进行。这次的采风旅行很成功，我内心感激不尽。

出席二十一世纪委员会会议

1992年8月31日至9月6日,我到中国参加中日友好二十一世纪委员会会议。会议开幕式于9月1日在北京举行,李鹏总理出席了开幕式。开幕式结束之后,所有出席人员乘车前往北京郊外的香山。会议历时两天,大家都热切地交换了意见。来自中日两国的相关人员汇集于此,分为政治、经济、科学技术、文化等几个小组,分别进行了讨论。在文化小组的会议上,我指出了文化遗产保护、教育等方面的问题,并作出了提案。

同一时间,我还去了天津,考察了解了经济特区的发展情况。

第 V 章

南京城墙的修复合作

平山郁夫与中国

修复南京城墙

　　明太祖朱元璋（1328—1398年）花费了二十余年时间修建南京城墙。南京城墙长33.6公里，是当时世界上最大的砖石城墙。在此后600年的漫长岁月里，经历了战争、人为破坏等，如今依然有21公里的城墙坚挺地耸立在那里。城墙高14～18米，底部宽10～18米，顶部宽7～12米。明代的城墙砖长38～45厘米，宽21～22厘米，厚10～15厘米，重15～25千克。

1995年，南京写生

第五章 | 南京城墙的修复合作

城墙曾被拆解为建筑材料，或因战争而崩塌损坏，大约毁掉了三分之一。留存下来的城墙也处于一种非常危险的状态，需要尽早修复。为有序推进城墙的修复和保护工作，南京市制订了详细计划，并于1994年开始了城墙的修复工作。

了解了上述情况之后，我思考了如下对策，并逐一实施。

南京城墙是珍贵的历史遗迹，全长21公里的明代城墙的修复工作将作为南京市城市规划的一环来进行。修复工作计划由中国国家文物局向联合国教科文组织提出，并被列入了1992年中国文化遗产修复名单。在此之前，中方也曾提出希望日方协助完成南京城墙的修复工作，但当时由于日方希望优先完成以汉唐时期文物为主的重要历史文化遗产的修复，所以我只好答复中方，立即着手协助修复南京城墙恐怕有些困难。

在修复工作开始的时候，中方试探性地询问了我，是否可以利用联合国教科文组织信托基金之外的民间支援。我感受到了南京市当局对此次修复工作的热忱之心，尝试了各种方法去帮忙。基于以下理由，我决定要协助完成南京城墙的修复工作。

一、在迎来中国抗日战争胜利结束50周年这一重要的节点，将它作为一项纪念活动来做是非常有意义的。

二、关于南京，一直遗留着日本侵华战争时，日军肆虐南京，屠杀中国人这一历史问题。作为日本人，我对此事也一直有所回避，将它作为禁忌和负面的回忆，不愿提起。

三、1972年中日邦交正常化，在日本侵华战争这一问题上，两国虽尽量舍小异求大同，但有关一些历史问题的争论仍在继续。

四、长达 15 年的日本侵华战争造成的伤痕，特别是心理上的伤痕，至今也难以治愈。这一问题也一直影响着中日之间的关系。

基于上述理由，我开始思考到底应该怎么做，才能或多或少地治愈战争给中国人民留下的心灵上的创伤，进一步推进中日两国友好关系的发展。于是，我决定通过协助南京市完成城墙的修复，来多少抚平一些战争给南京人民带来的心里的伤痕。这与我当初提议设立文化遗产红十字构想的初衷是一致的。

日本下一代的年轻人都不知道这场战争，而作为受害者的中国却会向世世代代的年轻人讲述日本侵华战争这段历史。因此，只有日本也将第二次世界大战的事实，特别是亚洲太平洋战场的历史作为近代史的一部分讲述给年轻人听，才能取得一个平衡。

对于日本来说，无论何种理由，这场发生在亚洲太平洋地区的战争，都使大量的普通民众成为牺牲者。日本永远需要背负这一责任，决不能忘记这个事实。我认为在未来，日本也有义务铭记这个历史的教训。

怀着这样的心情，我决定无论是在物质上还是精神上都要无偿地去协助南京完成城墙的修复。在向南京市当局表达了这样的意愿后，对方并没有直接表达他们需要多少资金资助。从中日关系的未来来看，我认为中日双方在精神层面上互相理解的第一步已经达成。协助南京市完成城墙修复一事已经得到了中方的同意，因此我又向日本外务省文化交流部提出，想要将城墙修复作为南京市城市建设的一环，去全面协助中方。日本

第五章 | 南京城墙的修复合作

1995年，南京城墙修复保护开工仪式结束后的保护工作

121

政府认真地听取了我的意见，外务省也对此作出回应，承诺将利用日本的"文化无偿制度"帮助购买城墙修复所需各项器具。

城墙修复主要依靠人工砌砖来完成，因此多半费用都是人工费。在日中友好协会全国会议上，我也再次将此事作为议题提出，引导大家进行了积极的讨论。大家一致认为，此项事业作为战后 50 周年的纪念活动，在一定程度上将会治愈中日两国人民内心的创伤，这一意见也得到了许多中国朋友的共鸣。

为实施计划，日中友好协会成立了"南京城墙修复合作保护日本委员会"，正式与中方一同开始了修复工作。日本委员会主要负责募捐、平山郁夫展的举办和修复工作志愿者的募集。

1995 年 5 月 24 日，在当时的南京城墙上举行了动工仪式。

1995 年 7 月，"平山郁夫展——中国南京绘画"开始了在全日本的巡展。本次巡展共展出了我的五十三幅素描和两幅正式的日本画画作，作品素材主要来源于 1995 年 1 月以来的三次采风。

展览会会场设置了募捐箱，收到了许多热心人的捐助。

南京城墙修复开始后的第三年

1998 年 5 月 23 日，南京城墙修复工作开始后的第三年，前首相村山富市受邀参加南京市的纪念祝贺活动，我陪同村山前首相从上海乘车前往南京市。高速公路完工后，汽车比火车都快了，只花了三小时就到了南京。我们入住了南京市江苏中日友好会馆，这是一个中日合资的酒店。在南京城墙修复工作刚开始的时候，我就来参观过施工现场，现在终于竣工了。办理了酒店的入住手续后，我们前往市内的金陵饭店与江苏省的政府要员会面。

1998 年 5 月 24 日，我们在市政府的迎宾馆会见了南京市时任市长王宏民，市长与村山前首相进行了愉快的交谈。上午十点，又出发去参加南京城墙修复中日合作三周年的纪念典礼。若是晴天，站在城墙上应该能将美丽的玄武湖和南京市区尽收眼底，但不巧那天下着小雨。我们撑着伞，走在修复好的城墙上，听取了工作人员关于城墙的说明。当走到三年前和已故的中日友好协会孙平化会长一起搬运砖头的地方时，我不禁感怀系之，深切缅怀孙平化先生。修复工作开始那天，中日两国的相关人员聚集在此，举行盛大开工仪式的情形也历历在目。那天，光是来自日本的参加者就有一百人以上。

自南京城墙修复工作开始以来，有两万多名日本人到访了南京，中日两国人民一同搬运砖头，齐心协力地完成了城墙的修复。同时，我们也将募集到的上千万日元的善款赠予南京市。我描绘南京的作品展也在日本二十一个主要城市开展，超三十万人前来观展，同时也募集到了一定数额的资金。

此后，许多日本的年轻人也开始来到一直以来大家都有所回避的南京市，反思历史的教训，思考自己能为城墙修复做些什么。我认为在南京问题上，单纯低头道歉解决不了任何根本问题，采取一些建设性举措才会更有价值。而通过修复文化遗产来治愈中日双方心灵的创伤，也正符合我所提倡的"文化财产红十字"的精神。为此，我非常感谢积极参与了此次活动的日本同胞们。

在南京城墙的一处，建了一座很漂亮的纪念馆，我和村山前首相还为此题了词。南京市政府举办了庆祝午宴，许多来华日籍旅行者也从各地前来参加庆祝活动。

下午，我们去参观了明朝初代皇帝洪武帝朱元璋的陵墓——明孝陵。当天细雨蒙蒙，看着雨中的明孝陵，我不禁感叹：这座陵墓曾经一定非常气派。葬祭殿的地基上设有雕龙的排水口，这技术在当时也是非常先进的吧。随后又去了南京国立博物馆，我们受到特别允许，有幸观赏了馆内所藏明清时期的绘画作品。傍晚，我们与江苏省的郑斯林省长会面，并共同出席了省政府举办的晚宴。

5月25日，从南京飞往北京。吃过午饭后，我们在人民大会堂拜会了国务院总理李鹏。傍晚，我们出席了由国务院外事办主任、中国人民对外友好协会会长齐怀远主办的欢迎宴会，度过了愉快友好的时光。

　　此后，2005年9月6日，我再次参加了南京城墙修复十周年纪念仪式。

在中国的文化保护活动

1996年2月25日至3月6日，我再一次访问中国。抵达当天，我与日本驻华大使共赴晚宴，第二天参加了侨居北京的日本人的聚会，并在会上做了题为"关于南京城墙修复・文化遗产红十字构想的意义"的演讲。与会各界人士善意地出资捐款，我们将这些善款又都寄赠给了南京市。

那天我还去了北京大学的东方文化研究所。当时研究所预计出版一套几十卷的《东方文化集》，我被推举作为该套丛书的名誉顾问，参加了发行仪式。中午我受邀参加了北京大学举办的午宴，晚上又去钓鱼台国宾馆参加了由中日友好协会举办的晚宴。为表达敬意，次日我去拜访了中国对外友好协会会长和外交部副部长唐家璇（后担任部长）。

此后，我在中南海紫光阁拜会了李鹏总理，与总理就长江三峡大坝周边文化遗迹的保护做了详细的交谈。我敦请李鹏总理能与联合国教科文组织的马约尔总干事会面，商议此事。出于世界文化遗产特别顾问的立场，马约尔总干事也非常希望能尽早地直接与李鹏总理对话。李鹏总理还提出希望我能创作一些描绘长江大坝蓄水之前风景的作品。

28日，我参加了秦皇岛市平山希望小学落成仪式。这座小学坐落在贫困地区青龙满族自治县隔河头村，当天的落成仪式非常隆重,吸引了许多附近的人前来参加。在中国各地,共有七所以"平山"命名的希望小学。

29日,我参观了万里长城东端的山海关老龙头。这一段长城因形状像是伸向大海的龙头而得名。万里长城以这里为起点,一直延续到西北的嘉峪关。长城并不是都建在平坦的地方,有的还是沿着巍峨的大山山脊而建,有些地方只有一层城墙,而有些地方有两层。据说长城是从月球能看到的唯一的人工建筑物。

之后,我回到北京市出席了日本驻华大使举办的晚宴。当时,日本驻华大使馆还在建设中,我答应将创作一幅作品陈设在馆中,于是前往施工现场考察。最后决定通过测量墙体的实际大小来推算画作的尺寸,以求画作与房间大小的平衡。

完成在北京的行程后,我又去了南京。在当地参观了南京城墙的修复现场,当时城墙的修复已经完成。随后南京市政府邀请我共赴晚宴。此外,他们还邀请我去合肥参观了正在建设中的三联学院。中国建设了一个又一个新式大学,由此可以看出中国开发建设的劲头非常猛烈。

此后,我参加了由日本领事馆在上海举办的午宴,上海的日本问题研究所邀请我在宴会上做了演讲,我围绕中日关系及日本问题坦率地发表了自己的意见。当时上海正在修建一个很好的博物馆,大约已经完成了50%,其中一部分已经对外开放了。此馆建成后将是拥有最新设备的亚洲最大的博物馆。

龙门石窟的保护

1996年6月1日至10日,我去了中国的洛阳和敦煌。6月2日,在龙门石窟的奉先寺前举行了关于保护洛阳龙门石窟的国际会议。日本专门成立的龙门石窟保护支援会一道参加了此次会议。中国政府也非常重视优秀文物的保护,以国家文物局为首的中国各地的相关人员都来参加了。

我再次参观了久违的洛阳博物馆,尝试素描了一些洛阳周边出土的文物,并学习了关于自古以来洛阳城规模变迁的考古资料。

从洛阳回北京后,我又与中国的一些政要会面,并参加了招待会。会场在人民大会堂,我已经多次参加过在这里举办的招待会了。人民大会堂的房间是以各省的名字命名的,这次是在我没有去过的新房间里举行的招待会,我不由得惊叹人民大会堂竟如此之大。

随后我前往西安,参观了大雁塔和兵马俑博物馆。7日,又从西安乘包机飞往敦煌。我在敦煌与里千家宗家(日本茶道的一个流派)的千宗室氏和法隆寺管长高田良信等人会合。晚餐后,一同前往月牙泉和鸣沙山观光。8日,高田管长在莫高窟举行了法事,数名僧侣在石窟前诵读经书。上一次众僧在这座九层高的大佛窟前举办法事,恐怕已是很久以前的事了。

许多敦煌附近的人也饶有兴趣地前来观看了此次法事。法事在庄严肃穆的氛围中进行，在大佛窟的最上层还举行了散花仪式。花瓣散落在我的脚边，我发现背面正好有井上靖先生（日本著名作家。其一生中曾多次访问中国西北地区考察并著有以西域为题材的《楼兰》《敦煌》《丝绸之路诗集》等作品——译者注）写的"敦""煌"二字。花瓣上虽然还写有其他文字，但我认为此事非常吉利，并将这份喜悦分享给了坐在我旁边的千宗室氏。

随后，千宗室氏在莫高窟前进行了献茶仪式。这样的献茶仪式恐怕是第一次。若是过去那个时代，在这个长期以来都难以涉足的秘境般的敦煌石窟前，举行法事、献茶仪式等几乎跟做梦一样。

如今，这样的梦能够实现，也反映了时代和历史的转变。

香港"平山郁夫版画展"

　　1996年10月5日至8日，我因要举办"平山郁夫丝绸之路版画展"而到访了香港。开幕式后，题为"关于日本文化"的演讲会在7日举行，吸引了许多人前来。在演讲中，我从历史的角度，结合自己的丝绸之路之旅，讲述了我对"世界中的亚洲和日本"的看法。宏观上来讲，日本和中国香港也应该多多交流。但我也感受到，在香港依然残留着第二次世界大战，或者说日本侵华战争所留下的伤痛。不仅仅是香港这一地区，在我到访亚洲各国的时候，也都有这样的感觉。第二次世界大战的亚洲战场主要就在太平洋地区，这些国家和地区的普通百姓里也出现了众多的牺牲者。如今，他们的家人仍然活着，对这场战争一定还抱有非常复杂的心情。日本必须在清楚认识这一历史经纬的基础上，再来谈跟亚洲各国各地区交流。

　　我在香港的展览会和演讲会上也真诚地表达了自己对相关历史问题的看法。即使当时这场战争已经过去了五十年，但日本作为发动战争的战败国，是需要一直背负着自己所欠下的战争的负债的，这是历史的宿命。日本需要做的不仅仅是道歉，如果没有一些国际性的贡献、一些建设性的改变，历史遗留问题就得不到解决。同时，我在一次英语的新闻采访中，也有意识地传递了这样的信息，站在世界史的角度表达了我所主张的日本——亚洲文化论。

我重新思考了文化的意义，我认为文化是超越政治与经济的一个领域，也就是说无论哪个民族哪个国家，在一个怎样的时代，文化都会给予人们最纯粹的感动。因此，即使各国文化在内容上有差异，但是我们依然能从别国文化中体会到独特的感动。美术作品也一样，它能让我们感受到超越时代与国界的美，从而认识到世界的多样性。

从自己所不曾拥有的事物中感受到的那份喜悦是人类共同的感情。艺术作品和文化遗产拥有着超越利害关系的一种直率的魅力，当我们怀着这样的心情去接触艺术或文化遗产时，就能找到许许多多的友好对话的切入口。

以日中友好协会会长的身份访问中国

1997年1月26日至30日，我带着中日友好亲善的目的再次访问中国，拜访了多位中国国家领导人，进行了礼节问候等例行活动。

我先是访问了国家教育委员会，随后去外交部拜访了当时的唐家璇副部长。我谈及了自己同年秋季将前往高句丽古坟考察，并向联合国教科文组织推荐此处为世界遗产的打算。由于日朝之间并未实现邦交正常化，于是我将以联合国教科文组织事务局世界文化遗产特别顾问的身份访问朝鲜。为此，我征求了唐家璇副部长的意见，并希望中方能在此事上给予帮助。

另外，我还与中国国家文物局局长就中日文化交流相关事项进行了会谈。随后，又拜访了东京都的友好城市——北京市的市长，就友好交流一事进行了交流。此外，我还去拜访了中华全国妇女联合会的陈慕华主席，并邀请陈主席前来日本访问。

在结束了与中国各界领导人的会面，从各方面加深了中日友好交流后，我返回了日本。

平成遣唐使访问西安

1997年5月30日至6月13日,我带着两个目的又一次造访中国。其中一个是为了参加朝日新闻社主办的平成遣唐使仪式。为了重走七世纪到八世纪从奈良出发的日本遣唐使的道路,朝日新闻社举办了从上海出发经陆路徒步至西安的活动,引发了许多中日民众参与。我与朝日新闻社的社长一起前往西安城的城门,去迎接这批平成遣唐使。身着唐朝服饰的男男女女,列队为遣唐使们举行了盛大的欢迎仪式。中日双方走完全程的合计有数十人,他们列队参加了表彰仪式,无一不是一副日晒后的黝黑面孔。

仪式结束后,我立刻飞往青海省。青海省的省会西宁是一个非常干净整洁的城市。前年青海省省长来日本时,我们也在日本见了面。由于这个缘故,我向西宁郊外的农村地区捐建了一所希望小学。此次访问中国的另一个目的就是来参观建设中的希望小学。这一带是中国的贫困地区,小学校舍老化得非常严重,如果不进行改建很难再继续使用。下雨时,孩子们也只能在漏雨的教室里学习,十分可怜。我捐赠的校舍建在旧校舍的前面,去参观的时候已完工80%,新校舍修得十分漂亮。现场参观的时候,我考虑到老师们也需要有个宿舍,于是又加赠了一部分资金。孩子们排成一列,忽闪着纯洁的大眼睛,一齐向我表达了感谢。看着他们喜悦的表情，我也感到十分开心。

随后我去参观了这一带周边的遗迹，还去了中国最大的内陆湖——青海湖。在陆地的正中央有一片大海般的湖泊，听说还有海鸟在此繁衍生息。古时，这里恐怕就是与海相连的，后来由于地壳变动形成了内陆湖。我还到访了青海省有名的塔尔寺，这是一座明代的藏传佛寺，在这附近的深山里经常会看到这样漂亮的藏传佛寺。塔尔寺内有非常美丽的壁画，但在"文化大革命"时期遭到了破坏，现在正在进行修复工作。这一带的通往西藏的"西藏之路"，在过去一定也是一段极具文化特色的道路。

之后我又乘车从青海前往甘肃，途经六盘山，成吉思汗的军队曾在这里驻屯训练。因为这是一片生态保护区，所以我们是不能进山的。相传成吉思汗虽擅长沙漠和平原战斗，但不擅长山岳战，于是便驻屯在六盘山进行山岳战斗的训练。这里还有一片被认为是当时的司令部的遗迹。另有传说成吉思汗在远征途中去世，被葬在了六盘山断崖下的某处。这险峻的峡谷，确实很适合作为英雄的墓地。或许这片土地上的人们也怀揣着英雄的梦想，希望英雄真的长眠于此。

上次来到甘肃省省会兰州，已是很早以前的事了。在这里留宿了一晚上后，我们又驱车前往宁夏回族自治区。这一带海拔很高，严重缺水，农作物的收成非常不好。听说当地政府也在苦思冥想，要如何供水，从根本上改善这种现状。这里也非常需要建设一所平山希望小学。

同时，这里也是东西文化交流的丝绸之路自新疆维吾尔自治区进入内地后非常重要的一段。其实在古代这里就已经开辟出了通往长安的交通道路，我此行的目的地之一就是通往长安途中的一个据点——固原。从固原的初唐陵墓里出土了一批银器和玻璃器皿，日本的一些考古学者也为此前来考察。陵墓的主人应该是地方上的侍马随从，虽不是什么身份显赫的高官，但墓里还是有一些随葬品。

这里出土的银器是四五世纪萨珊王朝时期的波斯制品，大概是从前往长安的骆驼商队那里入手的。这人虽说是地方官吏，但毕竟是负责海关的，所以才会在墓中也埋葬了一些包括玻璃的陪葬品吧。这一点也证实了固原曾经是东西文化交流的重要路段。固原旁边的县城也出土了很多的文物，固原县政府想要建一个博物馆来收藏，于是向我提出援助请求。这里是距离长安仅 300 公里的地方，如果在这一带进行挖掘，一定就能证明此处确实曾是丝绸之路的要冲。通往长安的文化之路有许多支路，了解这些支路，对弄清历史也有着深刻的意义。

在那之后，我又去了宁夏回族自治区的银川。以前我就到访过银川，黄河也会流经这片土地。银川的郊外有西夏王陵群，那里有几座带台阶的金字塔式的陵墓。王陵建成之时，陵墓的表面贴有陶片，显得十分豪华，如今陶片都成了泥块。当时，宁夏的文化局就正在努力筹备将这一带推荐为世界文化遗产。

在考古学者雷教授的向导下，我参观了这一带的文物与遗迹。雷教授对此地文物和遗迹的保护非常热心，他结识了很多日本朋友。此次是我第一次来到银川附近山里的佛教石窟，石窟中央有一座大佛像。这一带的岩石山上，有许多古时开凿的石窟。雷教授希望通过他个人的努力,在石窟前铺设石阶路,为石窟保存环境的改善作出一点贡献。同时我也看到,宁夏回族自治区政府为当地的文物保护作出的努力。

雨中的香港回归仪式

1997年6月29日至7月2日，我因受邀参加香港回归仪式，在香港待了一段时间。中国政府邀请了当时的竹下登前首相、村山富市前首相和我，共三名日本人参加。

6月30日下午，由英国主办的香港回归仪式在靠近海岸的特设会场中举行。不巧的是，我们一到特设会场，香港就下起了小雨。不一会儿，雨下得更大，好几排观众席都被雨淋湿了。威严的军乐队和仪仗队也被雨水浇得湿透了。

英国的查尔斯王子在进行演讲的时候，雨越下越大，音响的声音都被大雨声掩盖住了。这场大雨，正是时隔九十九年，香港重回祖国母亲怀抱后喜极而泣的泪水吧。

晚上，各国政、官、财三界的相关人员会聚一堂，共同出席了由中国政府和香港特别行政区政府举办的晚宴。晚宴结束后，快到7月1日的零点时，中英两国开始举行回归交接仪式。英国以查尔斯王子为代表，以香港总督为首的其他政府官员也都站在舞台中央。随后英国国旗与旧香港区旗共同升起，在军乐队奏响英国国歌后，仪式正式开始。

零点一到，英国国旗就被降了下来。整齐叠好国旗后，英国代表团就齐数退下了舞台。取而代之的是中国军乐队奏响了中国国歌《义勇军进行曲》，五星红旗也和新的香港区旗一起冉冉升起。英国国旗降下、中国国旗升起的零点这一瞬间，是香港结束被英国统治九十九年的一瞬间，更是在和平背后，中国的伤痕终于被抚愈了的历史性的一瞬间。

十九世纪到二十世纪的日不落大英帝国曾经制霸七大洋，君临天下。回忆起鸦片战争和西方列强入侵清政府的国际局势时，我感慨万分。英国对于本国殖民统治在历史上的闭幕表现出了极大的感伤，看上去很落寞。据说参加完回归仪式的查尔斯王子代表团退出舞台后便乘上英国的船只，朝着菲律宾的方向，回英国去了。

当时的中国国家主席江泽民以自信满满的语气发表了香港回归后的一国两制政策宣言。人们从中也感受到中国未来的发展将不容小觑。

仪式结束后，一直到深夜，中国政府开始任命新的香港行政长官，李鹏总理亲自任命了以董建华长官为首的政府要员。随后香港特别行政区政府的各位高官也向中国中央政府进行宣誓。在外国众多嘉宾的面前进行这样的仪式，也意味着这是中国政府对未来的一种誓约。

深夜来临之际，国家主席江泽民、国务院总理李鹏、外交部长钱其琛、香港特别行政区行政长官董建华等接受了来自各国外交团的祝福。在各国总统、总理、外交部长向中国政府送上了祝福之后，我作为日中友好协会会长，也是唯一的民间交流代表，也向中国政府送上了诚挚的祝福。

7月2日，中国政府还举行了盛大的祝贺会。军乐队、管弦乐队、中国民乐团、青少年合唱团齐聚大舞台上，进行了大合唱，还演奏了为庆祝香港回归而作的新曲。演奏新曲的乐器是春秋战国时期的编钟，编钟乐器上共吊有大小二十多个铜钟，像寺院的梵钟一样，经撞击就会发出"咚"的声响。与此同时，背景墙上出现了投影画面，播放着数十米长的中国文化遗迹卷轴。那是以敦煌石窟为首，包含秦始皇陵、兵马俑等文化遗迹的快速播放的影像。大屏幕中极具气势的影像和背景音乐相辅相成，让中国五千年的历史呈现在了观众的眼前。这个表演让我们充分感受到了中国基于历史和传统的国家底蕴，也看到了新时代新中国的力量。

作为外国代表团的一员，我最开始只是饶有兴趣地期待着会有什么精彩的表演，但途中我的心情转变为惊讶，甚至转为激动。我切实感受到了中国文化所独有的历史厚重感。随着舞台气氛的高涨，我逐渐为这份历史厚重感而惊讶，也为之感叹。我衷心希望中国的综合国力、实力与地位得到国际社会的理解和认可。

二十世纪末的这一天，我跟随回归仪式，回顾了十九世纪当时的历史。这一天，中国和英国的关系发生了巨大的变化，香港以前无古人的形式回归中国，对此我也感慨万千。

与时俱进的中日关系

1997年度的中日友好二十一世纪委员会会议推迟到了当年10月10日至16日，在中国举行。我们先在北京集合，然后在中方代表前驻日大使符浩的故乡——西安举行会议。西安，也就是曾经的长安，在历史上与日本也有着很深的渊源。

会议共举行了两天，中日两国代表分为政治、经济、科学技术、文化等多个小组，就中日间的中长期及现阶段问题进行了激烈讨论，互相交换意见。1997年是中日两国邦交正常化二十五周年。次年的1998年又是《中日和平友好条约》缔结二十周年。这一年，中国国家主席江泽民将首次以国家元首的身份访问日本，中方深切希望此次访日能取得圆满成功。在新世纪即将到来之际，中日关系也将进入下一个阶段。维护中日关系友好的责任终将落到下一代人的肩上，因此我们必须培育新的中日交流人才。

日本文化部门的代表也特别强调中日间文化交流的必要性，提议在日本举办优秀的中国作品展，使日本的年轻人能够重新认识优秀的中国文化。与此同时，1998年8月末在中国美术馆举办我的作品展一事也确定了下来。

访问内蒙古自治区

前面介绍过我曾参加南京城墙修复事业的三周年纪念典礼。纪念典礼后，1998年5月26日，我又参加了中共对外联络部部长主办的早餐会。上午9点30分，我前往中国文化部新建的办公区，拜访了文化部部长，向其传达了日本文部大臣町村信孝的意见。10点45分，前往中国国家文物局办公楼，拜访了张文彪局长，就举办中日文化交流的文物展和日本在中国进行的文化事业向张局长进行了说明，并特别强调了东京国立博物馆将在中日友好协会创立五十周年之际，举办一场特别展览——中国国宝展的计划。

中午12点，我受邀参加了日本驻华大使谷野作太郎在大使馆举行的午宴。下午2点30分，在中日友好协会举行了甘肃省平山郁夫小学建设基金的捐赠仪式，我将建设基金亲手交给了甘肃省的代表人员。晚上7点19分，我从北京机场出发，前往内蒙古自治区包头市。

5月27日，我一早就去了鄂尔多斯高原参观学习。我们驾车高速行驶在大草原的道路上，周围广袤无垠的大地上，是绵延不断的丘陵地带。等到7月，大草原就会重新披上绿装，繁盛茂密，据说这里的草长到可以完完整整地藏住一只羊。

参观完五当召后，我回到包头的新城宾馆，出席了包头市市长主办的招待会。下午又去参观了美岱召,那里是连绵的阴山山脉,山脉北侧绿植丰富,山脉南侧却一片干燥。随后我前往呼和浩特市,傍晚参加内蒙古自治区主席乌力吉举办的招待宴。

5月28日上午,我前往内蒙古博物馆参观。这里的考古研究所收藏着近年来出土的各个时代的土陶器,需要整理的资料数量十分庞大。研究所一角摆放着墓碑铭石和地下古墓壁画的临摹作品。

之后我又去参观了市中心的大召五塔寺。这一带的周边是贸易市场,旁边有一栋大概是明代的建筑。五塔寺里有五座塔,这样的设计在寺院里殊为罕见,塔的形状与柬埔寨吴哥窟本殿的塔十分相似,塔的基座上还刻有天女等浮雕。

下午,我听说在距离这里二百公里的地方新挖到了西夏时期的古墓,于是驱车前往。途经好几个村庄和小镇之后,出现了一片像沙漠一样平坦的土地,其中一角有一座丘陵,那就是西夏时期的古墓。墓穴里面有大量的壁画,但保存状态都非常差,若不尽早进行保护,壁画不但会慢慢剥落,还会褪色。

内蒙古文物局目前也正在这座古墓的旁边修建研究设施。为了文物修复保护工作的顺利进行,研究人员需要长期居住在这样恶劣的环境里,守护文物。傍晚,我与自治区主席会面,并出席了招待宴。

5月29日早上,我从呼和浩特出发,乘飞机前往海拉尔,下午又去了鄂温克族自治旗。这里是一片绵延了几十公里的大草原,牛群、羊群、马群随处可见。有些地方地平线笔直而绵

第五章｜南京城墙的修复合作

长，像是用尺规画出来的一样。牧童向我们展示了他精湛的放牧技术，几十头牛羊在野花盛开的草原中乖乖地移动，这场景真是别有一番风情。

最后我们抵达了一处有大型蒙古包的地方。蒙古包驻扎在一个小山丘上，从那里可以一眼望穿整个大草原，草原上的河川蜿蜒曲折，仅仅是这样的风景就足以构成一幅规模宏大的绘画作品。我坐在斜坡上写生，强风吹来，素描本的画纸被刮得啪啪作响，但我还是完成了一幅可以形成大作品的构图草稿。没过多久，强风夹杂着雨点袭来。抬头仰望时，云朵已低垂密布，天空的景色瞬息万变，草原变成了深绿色。大风吹动下的草原是统一的绿色，但被雨淋湿后，又显示出了多样的变化。紧接着就是寒气来袭，我忍受着寒冷在外面观察了一会儿，但雨越下越大，只好躲进了蒙古包。

同行的内蒙古人为我们做了羊肉佳肴，有点类似日本所说的成吉思汗料理，非常美味。5月正是天气变幻莫测的时节。而同年8月，听说我们曾驱车经过的内蒙古一带发生了大洪灾，受灾情况非常严重。

5月30日上午，我们穿过呼伦贝尔大草原，到访了中国和俄罗斯的国境——满洲里。现在这里成为中俄边境贸易的基地。中国这边有几栋看着像大型超市的建筑，日常消费物资和杂货一应俱全，许多俄罗斯人都会来这里买东西。他们将买来的物品放进大袋子，再带回俄罗斯贩卖。而俄罗斯方面由于资金困难，超市建到一半就被搁置了，所以中俄的边境贸易只是俄罗斯人来中国交易，中国人不会去俄罗斯。像这样的边境贸易区在中国的国境线上有好几处，中国与邻国的贸易在这些地方热火朝天地进行着。但是，后来听说满洲里一带同年也遭受了严重的水灾。

晚上，我与呼伦贝尔盟长会面，并出席了招待宴。

5月31日，我乘飞机从海拉尔回到了北京，在内蒙古招待我们的内蒙古政府官员们也陪着我们一同去了北京。各省、自治区在北京市内都有自己的酒店及事务联络处，于是他们又为我们在内蒙古自治区的酒店里举行了送别会。向内蒙古自治区政府捐赠平山希望小学建设基金的仪式也是在北京进行的。经商议，地点定在了诺门坎战役所在地。当时日本关东军与苏联军队发生纷争，在这里爆发了诺门坎战役。轻装备的日本军对战最强机械化师团的苏军，最终完败。这片草原就是曾经的战场，据说草原上现在还能看到腐朽不堪的战车和大炮的残骸。在这里建一座小学，为的是给承载着下一代希望的孩子们留下一个和平美好的希望。

内蒙古面积辽阔，煤炭储蓄量大，天然资源丰富，同时也拥有许多藏传佛教寺院等文化遗迹。因此内蒙古在资源开发和文化保护这两方面都是非常有必要的，这里虽然是边境之地，但是它拥有无限的发展潜力。

救助中国的洪灾

1998年8月27日至31日，作为《中日和平友好条约》缔结二十周年的纪念活动之一，由日本外务省主办的"平山郁夫版画展"在北京的中国美术馆举行，我因此再次到访中国。中国的文化部部长和日本驻华大使出席了这次版画展的开幕式。

其间，我与中国外交部部长会面，向其说明了想要推荐高句丽古墓纳入《世界遗产名录》一事，并寻求中方的协助。同时也就中日两国的文化交流与中国文化部部长交换了意见。

在与中国国家文物局局长交谈的过程中，我听说暴雨引发了长江流域的大洪水，多处文化遗产和文物遭到损害。于是我通过日本大使馆，向日本政府请求协助此次水灾的救援工作。在听取了受灾的详细情况报告后，我承诺将鼓励日本民间组织一起投入对中国水灾的援助。回国后，我便尽快通过文化保护振兴财团开展了修复资金援助活动，同时也向巴黎的联合国教科文组织总部汇报了受灾情况，请求获得国际上的支援，并再一次向日本政府外务省和首相汇报了此事，日本政府也承诺将对中国给予支援。

展览会结束后，我到访了北京郊外辽代的云行寺。云行寺建造于十世纪左右，距离北京市内大约两小时的车程，石造的寺院佛塔威严伫立在山坡上。云行寺因寺院内出土了大量刻有经文的石板而闻名,那些石板上用清晰的行书写着《大藏经》,这是非常罕见的。听说刚出土的时候,这些经文被收藏在架子上,一年之内又被埋回了寺院内。我去的时候寺院内正在建设迦蓝。

河北省内各地有一些辽金时期(十至十三世纪)的寺院,一些寺院内还留有当时的壁画。如今这些壁画的价值被重新评估,地方政府和文化厅开始了保护壁画的行动。一方面,在北京市内为建设别的设施而进行土地挖掘时,也发现了辽代的遗迹。为此,政府迅速决定更改建设计划,开始了发掘调查工作。随着调查工作的推进,辽代的道路遗迹以及公共建筑的地基被发掘了出来,另外还出土了一大批陶瓷器及其他文物的碎片。当时的地下遗迹被原封不动地保护了起来,地上的其中一片区域建了辽代资料馆,其他区域作为多功能展示厅使用。资料馆内还保存着一些河北省及其附近地区出土的壁画。

河北省地方文化局已尽力在为壁画的保护工作做准备,但苦于人才和资金的不足,于是也向日本寻求了帮助。由于壁画数量庞大,想要好好保护并研究这些壁画,需要专业的壁画保存科研设备及设施。

西安的陕西省博物馆里,就保存许多在西安地区的古墓里发现的壁画。这样的壁画,有好几十幅被切割下来,放在了专用的画框里,保管于仓库中。壁画发现之时,西安方面就针对壁画的保护尝试了各种办法,如今距壁画的出土已经过去了四十多年。由于长时间都被埋于地下,有些壁画被发掘出来后,一旦与外界空气接触，就会瞬间氧化变质。在稳定的土壤环境里保存了上千年的壁画因与外界空气的接触而发生化学反应，开始变色褪色，进而劣化。另外，温度的变化也会引起颜料的剥落。这是一件令人深感痛惜的事情，为此相关人员也一直在进行防止壁画劣化的研究。

例如，1972年出土于奈良县明日香村的大量高松冢古墓壁画也面临同样的问题，为此日本文化厅建立了专用的科学保护设施，采取了完备的保护对策。我作为现场临摹壁画的负责人，有幸多次进入高松冢古墓石窟内进行调查。耗时七个月的时间，我们终于完成了壁画的现场临摹工作。

关于壁画的保护对策，中日双方在齐心协力保护敦煌石窟一事上已经取得了一定的阶段性成果，更进一步的保护对策也正在探讨中。今后，中国也将采取更加专业有效的对策来保护辽、金、元、明时期的大量壁画。

平山郁夫与中国

平山丝绸之路奖学金

　　1988年，我就任联合国教科文组织亲善大使。1998年9月，作为联合国教科文组织亲善大使我正式访问了位于巴黎的联合国教科文组织总部。在与马约尔总干事会面后，我们商议了如下事宜。二十七年前，我获得了联合国教科文组织提供的第一届研究奖学金，在研究奖学金的支援下，我遍历欧洲，才有了后来与丝绸之路的相遇。作为回报，我希望向世界各国的丝绸之路研究者提供奖学金。不过，当时的联合国教科文组织因为英美两国的退出，陷入了预算不足的境地。于是，我设立了"平山丝绸之路奖学金"，每年资助十名研究者，连续资助十年，预计共资助一百名研究者，每名研究者资助一万美元。

　　于是我们成立了总额为一百万美元的奖学基金会。基金会正式运营后，就从全世界选拔了十名青年研究者，向每名研究者授予了一万美元的奖学金。十年间，共有一百名研究者在此奖学金的资助下，得以进行丝绸之路相关各项领域的研究，并以论文的形式发表了自己的研究成果。

　　在获得此奖学金的一百名研究者中，我们又选拔出了五十名拥有出色研究业绩的研究人员，给予他们在联合国教科文组织举办的"丝绸之路国际学说研讨会"上发表研究成果的机会。

　　联合国将2002年定为"文化遗产年"。同年11月，"丝

第五章 | 南京城墙的修复合作

2002年，西安中日建交30周年纪念演讲

绸之路国际学说研讨会"在西安召开，参加者从世界各地聚集而来。这次国际会议的召开，虽遭遇了诸多困难，但也获得了多方的援助与支持，最终取得了圆满成功。会议的最后，还通过了《西安宣言》。《西安宣言》向联合国教科文组织提议，将整个贯穿欧亚大陆的丝绸之路都列入世界遗产名录。这是一个宏大的提案，虽然当时的世界遗产条约还没有这样的计划，但却得到了全体与会者的支持。对于许多有纷争的，或是有潜在纷争的地区来说，把整个丝绸之路都列为世界遗产，将会对这些地区的和平与安全作出巨大的贡献。最终《西安宣言》被送往巴黎联合国教科文组织总部的松浦晃一郎总干事和纽约联合国总部的安南秘书长手里，并经他们署名通过了。

2014年，第三十八届世界遗产委员会会议在卡塔尔的多

2002年，西安兵马俑素描

哈举行，会议通过了将"丝绸之路：长安——天山廊道的路网"纳入世界文化遗产名录的申报，十二年前的《西安宣言》终于得以实现。丝绸之路是一个宏大的历史概念，与之密切关联的世界遗产由跨越了三个国家的三十三处遗产共同构成。

这次的"丝绸之路：长安——天山廊道的路网"便是由中华人民共和国、吉尔吉斯斯坦共和国、哈萨克斯坦共和国三国共计三十三处世界遗产共同构成。这些世界遗产散落分布在以中国的洛阳和西安为起点，以哈萨克斯坦的塔斯拉河附近为终点的，总长八千七百公里的道路沿线上，这是迄今为止规模最大的文化遗产。但是，纵观整个丝绸之路，其实这次申报活动中被纳入文化遗产的部分，也仅仅是其中的一部分。

丝绸之路原本是指贯通意大利罗马到日本奈良的东西交通

第五章｜南京城墙的修复合作

2002年，大明宫复原现场访问

路网。我们有着一个宏大的构想，希望能在未来的某一天将丝绸之路全线相关的所有文化遗产都纳入遗产名录。这次的申报是实现这一构想的第一步，它有着非常重要的意义。

　　三十三处文化遗产包括了"中心城市"、"交易据点"、"交通及防御设施"、"宗教遗迹"和"相关遗迹"五类。从大型的城市遗迹到烽火台、石窟寺院、古道等，文化遗产形式多种多样。这些遗迹很好地呈现了作为交易、人员流动以及宗教传播舞台的丝绸之路的一个侧面。此外，在这次申报中，另一件非常重要的事情就是提出了"廊道"这一说法。有水的地方就有人居住，进而形成城镇，城镇与城镇相互联系起来就形成了交易路网。丝绸之路就是这样一个由水路旁的聚落扩散开来的庞大的空间体系，"廊道"一词就准确地表现了这一概念。

丝绸之路是一个概念性的东西，希望这次申报活动能够成为让我们重新思考"何谓丝绸之路"的契机。

这次会议将跨越三国国境的丝绸之路统一纳入了世界文化遗产名录，共有超十二个国家通过各种形式参与到此次遗产申报项目中，日本也在其中发挥了重要的作用。丝绸之路是文化交流的平台，是各国对话的平台，也是通往和平的道路。

本次通过申报的三十三处世界文化遗产，其中二十二处在中国，名单如下：

宫殿和城市遗址：汉长安城未央宫遗址、汉魏洛阳城遗址、唐长安城大明宫遗址、隋唐洛阳城定鼎门遗址、高昌故城、交河故城、北庭故城遗址。

交通和防御设施：新安县汉函谷关遗址、崤函古道石壕段遗址、锁阳城遗址、悬泉置遗址、玉门关、克孜尔尕哈烽燧。

宗教设施：克孜尔石窟、苏巴什佛寺遗址、炳灵寺石窟、麦积山石窟、彬县大佛寺石窟、大雁塔、小雁塔、兴教寺塔。

相关遗址：张骞墓。

遗憾的是，这次由塔吉克斯坦和乌兹别克斯坦两国申报的十二处文化遗产暂时未被通过。在丝绸之路的文化遗产申报上，跨越国境的相互协作也是必不可少的，除了这两个国家，包括土库曼斯坦在内的中亚三国，都需要我们给予持续不断的申报支持。亚洲各国之间在政治上虽然有一些难以避免的碰撞，但也正是在这样的背景之下，面对丝绸之路这一人类历史上的共同话题，各国的相互协作才有了更重大的意义。这样的尝试与挑战，才是"和平之路——丝绸之路"的精神。

平山郁夫展

2008年4月18日至26日,"平山郁夫艺术展:东西方文化交流的交叉点——丝绸之路的光辉"在中国美术馆举办。这次展览会的举办是为了庆祝《中日和平友好条约》缔结三十周年和8月即将举行的北京奥运会。

1959年,我因创作了一幅描绘唐三藏寻求佛法之旅的作品——《佛教传来》而被大家认可,以此为契机,我开始了自己探寻佛教东渐之路的旅程。这条路正是承载了东西方文化交

2008年,平山郁夫艺术展开幕式

2008年,展览会会场

流的丝绸之路。作为日本文化基础的大陆文化,也是通过这条路,经朝鲜半岛,传到了我们的祖先那里。

探寻佛教传来之路的旅程也是探寻日本文化寻根之旅。其中,我最想到访的地方大部分都在中国这片土地上。中日两国是一衣带水的邻邦,两国关系源远流长。因此我为能在迎来中日两国和平友好条约缔结三十周年之际,在中国举办自己的艺术展而感到由衷的高兴。

此次展会由"壮大的丝绸之路""悠久的亚洲""中华大地""高句丽今昔""平成洛中洛外""古都奈良""日本的山河"七个主题构成。

此前,我描绘了许多以骆驼商队为题材的画作,为了这次展出,我又重新思考了"条条大路通罗马"这句话,将它的意

2008年，画作《法隆寺朝阳》的寄赠仪式

义带入了我的新作品中。在《行走在丝绸之路上的骆驼商队》《穿行在楼兰遗迹中》《穿行在巴尔米拉遗迹中》《行走在阿富汗的沙漠里》这四组作品中，我重点以这四处的昼夜风景来分别展现"庄严"和"浪漫"的主题。据说，巴尔米拉王朝最后的女王丝诺比亚有着可以与埃及艳后比肩的美貌。我在描绘"巴尔米拉"这幅作品时，就想到了丝诺比亚，以丝诺比亚为原型，描绘了骆驼商队里的那位女性。

　　Foro Roma这幅作品描绘的是古代罗马帝国的政治经济中心——古罗马城市广场，进行创作时我将它作为丝绸之路最西的终点。Foro一词在拉丁语中就是广场的意思，它的起源可以追溯到公元前五世纪，这里有述说着皇帝荣耀的凯旋门，还有许多神殿遗迹。为纪念东罗马帝国的皇帝福卡斯（602 — 610

年在位），人们在古罗马城市广场上设置了纪念柱，相传这根纪念柱建造于608年，高约13.6米，是在广场上建造的最后一个建筑物。中国美术馆有一处半圆形的展厅，于是我把 *Foro Roma* 放在了最中间，用描绘昼夜骆驼商队的八幅画作将它围住，九幅四曲屏风画刚好围成一个半圆形。这种展示方式，对前来观展的人来说，有着压倒性的震撼力。

《神峰黄山云海图》是一幅大型的八曲屏风（171.0cm×728.0cm），描绘的是中国的自然遗产——安徽黄山。2005年，我为了积累素材，去过黄山。黄山是一处宛如仙境的名胜，由于它独特的地形地貌，1990年被纳入了联合国教科文组织自然遗产名录。黄山的奇松、怪石、云海、温泉被称为黄山四绝。绝，是无可比拟、妙不可言之意。它们使黄山拥有了无穷的魅力。

同时，在展览会期间，我还将自己的作品《法隆寺朝阳》赠予北京的钓鱼台国宾馆。据说这也是该国宾馆首次悬挂上外国人的作品。

结　语

　　我在写这本传记的时候，又重新翻看了平山郁夫著作全集以及展览会图鉴，以做参考。在平山郁夫入学濑户田小学的时候，战争就已经爆发。随后他升入广岛市的修道中学学习，初中三年级的时候遭遇了原子弹爆炸，原子弹爆炸一事对他此后的人生产生了巨大的影响。他在日本战后复兴时期，整个日本都非常贫穷的时候，开始学习日本画。随着日本经济的快速发展，国家越来越富裕，他也开始在日本画坛崭露头角。对于日本来讲，那个时代是一个日新月异的时代。

　　1959年，他创作了作品《佛教传来》。自此他的整个人生，都在以佛教东渐的道路，即被称作东西方文化交流之路的丝绸之路为绘画主题进行创作。他与异国文化的初次相遇是在欧洲。在联合国教科文组织的资助下，他游历了欧洲主要的五个国家，围绕基督教美术这个话题，全面学习了欧洲古代、中世纪、文艺复兴时期及近代的艺术与文化，历时达半年之久。之后，他游历了中东地区，在佛教发源地印度探寻了多处佛教遗迹。最后，在中日邦交正常化并缔结和平友好条约之后，他终于如愿到访了自己一直憧憬和向往的中国。为了到这些地方进行实地考察和积累创作素材，他开启了总共一百六十八次旅程，前后持续了大约八年。

因为《佛教传来》这幅描绘唐玄奘的作品，他与日本药师寺结缘。药师寺当时正在计划建设一栋新的迦蓝，以彰显前往印度寻求佛法的玄奘的伟大功绩。平山郁夫为了亲自体验唐玄奘的取经之路，用十一年重走了《大唐西域记》中记录的所有路线，完成了创作素材的积累。随后，又花了十余年时间完成了《大唐西域壁画》，并于 2000 年 12 月 31 日将这幅作品捐献给了药师寺新建的玄奘院。

1967 年，他参与日本法隆寺金堂壁画的临摹再现工作，之后便一直在探寻这些壁画的源流。直到他到访敦煌莫高窟的时候，他才明白，那里就是源流。1979 年 9 月，他第一次到访敦煌莫高窟。那时的莫高窟还处于荒废状态。他思考着是否可以为保护莫高窟做点什么，便有了后来的"文化遗产红十字构想"。这份构想得到了政府与民间的一致理解和支持，使得协助保护莫高窟一事得以实现。

之后，他还协助完成了柬埔寨吴哥窟遗迹、阿富汗巴米扬遗迹和南京城墙的修复工作。同时也推动了海外的日本古美术作品的修复保护工作，并帮助高句丽古墓群成功纳入《世界遗产名录》。

在他的一生中，他创作了许多作品，担任了各种职位，总是奔波在各国各地工作。我记得他曾经对我说过，自己一个人像是干了三个人的工作。

为了更好地实现"文化遗产红十字构想"，并将其延续下去，平山郁夫成立了民间团体"文化遗产保护艺术研究助成财团"。

在国家层面上，在他的积极努力之下，"关于推动国际合作保护海外文化遗产的法律"由日本国会批准，并于 2006 年 6 月开始生效。日本政府成立了"文化遗产国际协力财团"作为该项法律的实施机关，开始了世界各国文化遗产的保护活动。

文化遗产是人类共同的财富。平山郁夫的一生都在通过文化交流，祈求世界和平，并坚持主张日本应该通过文化交流为国际社会作出贡献。

平山郁夫于 2009 年 12 月 2 日凌晨永世长眠。但是我们这些还活着的人，也应该担起一份责任，将他的精神继承下去。

得知平山郁夫去世的消息，时任中日友好协会会长宋健悲痛万分，在他发给平山郁夫亲属平山美知子夫人的唁电中说，平山先生是一位杰出的文化使者、蜚声海内外的画坛泰斗和艺术大师。"在长达半个多世纪的生涯中，创作出许多画坛精品巨作，体现了先生祈望世界和平的心声。先生长期担任联合国教科文组织亲善大使，为世界的文物保护和推动国际文化艺术发展以及东西方文化交流，不畏艰险，多次沿玄奘的足迹，长途跋涉于古代丝绸之路上，创作了大批精美绝伦、惊世骇俗的里程碑式的画卷。"

在宋健眼里，平山郁夫学识渊博，道德高尚，平易近人。"与先生有过接触的人深为先生的人格魅力和睿智卓见所折服。我曾与先生约定，邀请先生每年来华，访问至今尚未涉足过的地区。万万没有想到传来噩耗，悔恨与悲伤之情难以言表。"宋健说，平山郁夫的逝世，不仅使我们失去了一位尊敬的老朋友、好朋友，也是中日友好事业不可弥补的重大损失，"使我们感到无比的悲痛和惋惜。"

中国外交部发言人对平山郁夫先生为中日友好及文化交流事业所作出的贡献给予高度评价，指出："平山郁夫先生是中国人民的老朋友，长期致力于中日友好事业，为推进中日友好交流与合作作出了重要贡献。我们对平山先生的逝世深感痛惜，并表示沉痛哀悼。"

斯人已逝，但平山郁夫先生留下的精神与未竟的事业，必将在中日两国人民之间代代相传！

获奖经历

1964年　获第四届福岛繁太郎奖。

1974年　被罗马教皇厅授予大圣教皇骑士银勋章。

1976年　获新潮文艺振兴会主办的第八届日本艺术大奖。

1977年　被佛教传道协会授予第11届佛教传道文化奖（文艺·美术类别）。

1982年　获第一届美术文化振兴协会奖。

1987年　获日本放送协会（NHK）主办的第38届放送文化奖。

1991年　被法国授予荣誉勋位勋章第三等。

1992年　获第四十一届神奈川文化奖（艺术类别）。

1993年　被美国史密森学会授予史密森特别功勋奖，作为文化功勋者受到表彰。

1995年　获第四届万宝龙国际艺术赞助大奖亚洲奖。
　　　　在世界经济论坛年会上获水晶奖。

1996年　被来访日本的法国希拉克总统亲自授予荣誉勋位勋章第四等。

1997年　为表彰其对世界文化遗产保护的贡献，被联合国教科文组织授予金牌。

1998年　获日本文化勋章。

1999年　被美国史密森学会授予詹姆斯·史密森奖，是第一位获得此奖项的日本人。
2000年　被乌兹别克斯坦艺术学院授予金勋章。
2001年　获菲律宾的麦格赛赛奖（和平与国际理解类别）。
　　　　获国际交流基金奖。
2002年　被中国政府授予文化交流贡献奖。
2004年　被朝日新闻文化财团授予朝日奖。
　　　　获韩国修交勋章兴仁章。

参考文献

《路漫漫》，自传画文集，日本经济新闻社，1991年。
《永远的丝绸之路》，讲谈社，2000年。
《和平的旅人》，"平山郁夫先生喜寿祝贺会"事务局，2007年。

图书在版编目（CIP）数据

平山郁夫与中国 /（日）平山助成 著；黄萍，郑西吟 译 . — 北京：东方出版社，2023.7
（风月同天：中日民间经济文化交流纪实丛书）
ISBN 978-7-5207-3437-0

Ⅰ.①平… Ⅱ.①平…②黄…③郑… Ⅲ.
①敦煌石窟－文物保护－研究 Ⅳ.① K879.214

中国国家版本馆 CIP 数据核字（2023）第 083233 号

平山郁夫与中国
（PINGSHANYUFU YU ZHONGGUO）

作　　者：	［日］平山助成
译　　者：	黄　萍　郑西吟
责任编辑：	姬　利　柳明慧
出　　版：	东方出版社
发　　行：	人民东方出版传媒有限公司
地　　址：	北京市东城区朝阳门内大街 166 号
邮　　编：	100010
印　　刷：	小森印刷（北京）有限公司
版　　次：	2023 年 7 月第 1 版
印　　次：	2023 年 7 月第 1 次印刷
开　　本：	880 毫米 ×1230 毫米　1/32
印　　张：	5.625
字　　数：	107 千字
书　　号：	ISBN 978-7-5207-3437-0
定　　价：	56.00 元

发行电话：（010）85924663　85924644　85924641

版权所有，违者必究
如有印装质量问题，我社负责调换，请拨打电话：（010）85924602　85924603